François,
un pape parmi les hommes

Christiane Rancé

François, un pape parmi les hommes

Albin Michel

Pour Silvia Szulanski, Lalo Barenboïm
et Irene Joselevich,
dans la ferveur de Buenos Aires.

« À la fin tu es las de ce monde ancien. »

Guillaume Apollinaire,
« Zone », *Alcools*.

« Le monde ancien s'en est allé,
un monde nouveau est déjà né. »

Saint Paul,
Seconde Lettre aux Corinthiens.

Avant-propos

« Il est remarquable qu'à une époque où l'information méticuleuse est devenue la Sorcière du monde, il ne se rencontre pas un individu pour donner aux hommes des nouvelles de leur Créateur. » François, dès qu'il est apparu au balcon, a démenti l'assertion de Léon Bloy, son auteur bien-aimé. Des nouvelles de Dieu, il en a donné. Lui-même n'en est-il pas une ? Et quelle nouvelle ! La bonne : l'Évangile, à pleines pages. De là la stupéfaction qui a suivi sa première demande – « Priez pour moi » –, et l'incognito de l'humble curé préservé dans ses vieilles savates plutôt que dans les mules rouges. De là ses façons, inspirées à la source – Matthieu, Luc, Marc ou Jean ; reverdies par l'exemple – celui du *Poverello* d'Assise. De là encore ses références, puisées aux origines, éblouissantes de simplicité et de vérité – le Bien et le Mal, la Vierge et le Diable.

Des nouvelles du Créateur, si on n'en avait plus très souvent, et à Rome moins qu'ailleurs, avec François on en reçoit beaucoup, d'un seul coup, incarnées de surcroît, dans le refus des honneurs, des privilèges et des signes ostentatoires. Dans les « Laissez venir à moi les petits enfants » ; les « Que celui qui n'a jamais péché jette la première pierre »... Il redonne aux textes leur ponctuation de douceur, leur caresse et leur sens, dans l'attention aux plus humbles, l'appel à la paix, l'ouverture au prochain. Mais sous le sucre, l'amande de feu – les marchands chassés du Temple, la radicalité du verbe, l'impératif de foi : celui qui n'est pas avec l'Amour est contre lui.

Ainsi, dans l'émotion de ce 13 mars 2013, dans sa seule apparition au balcon de Saint-Pierre, Jorge Mario Bergoglio a forcé l'attention, et il a réveillé notre faculté d'étonnement, si souvent anesthésiée. En un an de pontificat, en nous donnant des nouvelles quotidiennes de Jésus, il nous a aussi contraints à poser des questions qu'on ne se posait plus, et à les poser de l'intérieur, depuis notre cœur, en notre âme et conscience, en nous inscrivant personnellement dans leur énoncé *puisqu'elles nous concernent intimement.* Qu'est-ce qu'un pape ? Lui-même, est-il fidèle à l'essence de cette fonction ? Qu'est-ce que la foi ? Comment l'incarner ? Qu'est-ce que l'Église ? Qu'est-ce que le catholicisme, et être catholique ? Et peut-on l'être, ou comment l'être, dans un monde sécularisé ?

Oui, qu'est-ce qu'un pape ? Un souverain pontife ? Mais qui se rappelle avec précision ce que désignent ces deux termes ensemble, leur lien avec le *Pontifex maximus* et l'héritage direct du pouvoir des empereurs romains ? Est-ce le vicaire du Christ ? Mais qui, dans l'assemblée des catholiques, sait encore ce qu'est un vicaire ? Et puisqu'il est celui qui remplace en cas d'absence, serait-on pape *en l'absence* du Christ ? Le Saint-Père ? Mais qu'est-ce qu'être père dans une société atomisée où les liens familiaux se désagrègent ? Est-il l'évêque de Rome, *primus inter pares,* premier entre des égaux ? Mais alors à qui les autres évêques invités à siéger à ses côtés doivent-ils leur légitimité ? Et quel pouvoir le pape peut-il exercer sur ses pairs et, avec eux, sur le corps énorme et informe des fidèles ? Est-ce tout simplement le successeur de Pierre ? Mais qui se rappelle la vie de cet apôtre, pourtant fondatrice de cette Église nouvelle que désirait le Christ qui l'avait désigné dans un jeu de mots – le seul des Évangiles : « Tu es Pierre, et sur cette pierre je bâtirai mon Église. »

Qui se remémore à quoi Simon-Pierre, *Kephas*, engage ses successeurs ? Est-ce à être un pasteur universel ? Mais qui, dans l'opinion publique, entend la résonance du mot, son écho dans ce qu'on appelle, à Rome, la pastorale ?

Qu'est-ce qu'un pape ? On pose la question autour de soi, et des réponses surgissent, au travers de figures somme toute assez peu nombreuses si l'on songe que Jorge Mario Bergoglio est le 266e successeur de Pierre. Le nom des Borgia vient assez rapidement aux lèvres, qui cristallise une mauvaise réputation que beaucoup aiment à entretenir. Celui de Pie XII résiste à l'oubli parce qu'on continue, au mépris de la vérité historique, de le vouloir complice d'Auschwitz. Jean-Paul II brille de tous ses feux, et bientôt de son auréole, mais pour un charisme attaché à sa seule personne, et bien distinct de celui de l'Église. Et enfin Benoît XVI, parce qu'il est entré dans l'histoire de la papauté de façon fracassante, pour en être sorti de son vivant.

Qu'est-ce qu'un pape ? Le pape François lui-même, et sans détour, nous a demandé d'y réfléchir. Le 24 novembre 2013, lors d'une cérémonie place Saint-Pierre, à Rome, il s'est incliné devant un reliquaire de bronze ouvert. Il a expressément voulu que l'objet soit apporté sur le parvis de la basilique pour être exposé aux regards. Le moment est historique. Jamais encore ces reliques, conservées dans la chapelle de l'appartement pontifical depuis que Paul VI en a exprimé le souhait en 1971, n'ont été présentées au public. Et pourtant, existe-t-il des ossements plus emblématiques pour l'Église que ceux-ci ? Sur le reliquaire, on peut lire, gravé en latin : « *Ex ossibus quae in Arcibasilicae Vaticanae hypogeo inventa Beati Petri Apostoli esse putantur* » (« Des os retrouvés dans l'hypogée de la basilique vaticane, qui sont considérés comme ceux du bienheureux apôtre Pierre »).

Vertigineux raccourci : debout dans la froidure de cette matinée qui conclut l'année de la foi inaugurée par Benoît XVI en octobre 2012, où l'hiver lui-même s'est invité, le pape François traverse deux mille ans, ou plutôt il les surplombe et les abolit. Là, au lieu même du martyre de Pierre, advenu en 64 de notre ère, juste au-dessus de ce coin de terre où fut déposé son corps, après qu'il eut été crucifié la tête en bas, François affirme dans une incroyable anamnèse le lien qui jamais n'a été dissous dans les aléas des siècles. Dans cette inclinaison de tout son corps, dans sa liturgie, il semble conformer tout son être aux paroles que suggèrent encore ces poussières d'os dans leur tissu pourpre brodé de fils d'or : « Tu es François, et sur toi je continuerai de bâtir mon Église. » Il s'incline et c'est, dans cette proximité des deux présences, l'*Ecce Homo* de Michel-Ange, au plafond la chapelle Sixtine où se déroule justement l'élection du pape, qui vient en mémoire. Ce n'est plus Dieu qui va toucher le doigt d'Adam, sa créature, mais Pierre celui de son nouveau successeur, pour qu'il soit à son image – fidèle. À la Parole, à la mission, à la Croix. À moins que ce ne soit le doigt de Jésus touchant Matthieu alors qu'il compte son or.

Dans son entretien avec le père jésuite Antonio Spadaro, en septembre 2013, Jorge Mario Bergoglio a confié ce que lui évoque cette désignation, lorsqu'il contemple *La Vocation de saint Matthieu* peinte par le Caravage, dans l'église Saint-Louis-des-Français, à Rome. Alors, dit-il, il s'identifie à Matthieu, effrayé par cette élection, cherchant dans ses pièces d'or un ultime secours auquel, finalement, il renonce. Il est un pécheur qui consent à l'appel.

Certes, nous dit François lors de cet offertoire, tandis que ses mains touchent les reliques de saint Pierre, il y eut des Borgia, et des papes plus souverains pontifes que pasteurs universels, plus attachés à l'extension territoriale des États du Vatican qu'à la propagation des Évangiles, plus ardents à leur enrichissement matériel qu'à leur salut spirituel et, pire encore, à celui de leurs ouailles. Certes, il y eut des crises, des errements, des guerres, des crimes, des schismes et des hérésies dans l'histoire de cette curieuse forme de gouvernement, unique au monde : à la fois monarchie puisque à vie et de droit divin, aristocratique puisque élu par un collège de cardinaux, et démocratique puisque tout le monde, s'il choisit cette vocation, peut y prétendre. Mais Rome est toujours là, vivante de quelque un milliard deux cents millions d'hommes, dont plus de huit millions se sont rendus cette année au Vatican, en pèlerinage et pour saluer leur pape.

Dans cette épiphanie de la figure de Pierre, que nous a encore rappelé François ? Qu'à l'image de ce simple pêcheur, un peu obtus, lent à comprendre qui est Jésus, prompt à le renier au premier sang versé – et par trois fois encore ! – le pape n'est qu'un homme éminemment faillible. « Je suis pécheur, mais par la Miséricorde et l'infinie patience de Notre-Seigneur Jésus-Christ, je suis confiant et j'accepte en esprit de pénitence », furent d'ailleurs les mots de Jorge Mario Bergoglio, quand son nom est sorti de l'urne. Un homme, mais du jour où, comme il désigna Jésus à Jean Baptiste, l'Esprit-Saint le désigne aux cardinaux réunis en conclave, cet homme transfiguré se charge alors de la Croix du Christ.

La Croix – cette folie et ce scandale selon saint Paul. La Croix : cette vocation pleinement assumée par Pierre qui accepte alors, pour que vive l'Église, de mêler son sang au bois, sa chair aux clous et ainsi de dire, aux générations futures, que foi et fidélité ont la même étymologie, la même essence, et portent le même engagement. Voilà déjà, au bout d'un an d'exercice, le premier legs de François. Il nous donne à réfléchir à la mission pontificale selon Pierre, et telle que Pierre l'avait entendue, et telle qu'il l'avait comprise et telle que son martyre oblige ses successeurs. « Il n'y a pas d'Église sans la Croix », a d'ailleurs affirmé, sans ambiguïté aucune, François ; il n'y a pas d'Église sans fidélité à cette Croix. « Ce que les gens ne saisissent pas, c'est tout ce que peut coûter la religion. Ils pensent que la foi est une sorte de vaste couverture électrique, alors que, bien évidemment, c'est la Croix », écrivait déjà en son temps l'écrivain américaine Flannery O'Connor. La Croix, mais qu'est-ce à dire *aujourd'hui* ? Si ce n'est, à son tour, prendre sur soi la souffrance des autres pour l'alléger à défaut de l'abolir, pour la comprendre, l'entendre et compatir. Chacun pour chacun, puisque l'Église, bien avant d'être la curie, est cette assemblée immense de pécheurs, guidée par un pape ferme dans sa foi.

Voilà déjà une des missions pontificales accomplies par François : épargner à ses brebis les affres du doute. « Je pense qu'il n'est pas de souffrance plus grande que celle causée par le doute chez un individu qui désire croire », soulignait d'ailleurs, dans le même texte, Flannery O'Connor.

Qu'est-ce qu'un pape ? Avec sa personne tout entière, son « en-marche », ses vues et sa poigne, Jorge Mario Bergoglio a commencé d'apporter sa réponse, en l'incarnant. Il est venu vers nous depuis le bout du monde, comme il l'a souligné ce 13 mars 2013 avec une sorte d'étonnement amusé. Ce bout du monde, l'Argentine, a forgé ses vues. Ce qui la constitue le constitue aussi – l'espace, l'amitié, l'humour, la conquête et Buenos Aires, capitale du Nouveau Monde. Au bout du monde, mais à la proue de l'Occident, l'Argentine a essuyé la première les tempêtes que connaît maintenant la riche Europe – violence des villes, crises financières plus qu'économiques, bidonvilles, migrations et immigrations, crise spirituelle et crise de sens, déracinement et analphabétisme. À la marge du monde, ce pays lui a aussi enseigné toutes les acceptions de *la périphérie*, où sont refoulées, comme les alluvions du fleuve en crue, ces humanités souffrantes, jetées là par des courants trop violents pour elles et que nous ne regardons plus, ou que nous ne voulons pas voir. Dans les bidonvilles – ces *villas miserias* qui ont fleuri sur un continent pourtant riche, pourtant généreux, pourtant doux à l'homme – il a reconnu les rêves de ses ancêtres d'un monde meilleur, et vu leur fracas, leur naufrage et surtout l'horrible résignation de tous.

Or, ces *villas miserias*, l'Europe et son cœur chrétien Rome les connaissent à leur tour. François nous oblige à les regarder, et bien plus à les voir. Leurs populations, repliées dans ces indignes domiciles fixes – les ghettos –, il nous oblige à les écouter, et bien plus à les entendre, avec une âme chrétienne. Il a dit aussi qu'il existait désormais une périphérie sociale, composée d'orphelins de pères, de mères, de modèle, de sécurité et de tendresse – autant d'individus privés des racines charnelles tellement nourricières – et que l'Église avait été trop prompte à abandonner.

Il fallait cette mise au point dans le désarroi d'une Église en crise, jugée par le monde quand autrefois elle le jugeait, et lentement vidée de ce qui la constitue, les fidèles. Une Église dont la crise dépasse largement celle de la curie, cette vieille dame malade mais increvable, qui risque fort d'être encore debout quand le dernier fidèle aura oublié et le Créateur, et Jésus, et la Croix. Benoît XVI n'évoquait-il pas les propos du cardinal Consalvi (1757-1824), secrétaire d'État de Pie VII : « Quand on lui disait : "Napoléon veut détruire l'Église !", il répondait : "Il n'y parviendra pas, nous n'y avons pas réussi nous-mêmes." » Une Église malade, en crise et moribonde parce qu'elle ne voit plus, n'écoute plus et ne propose plus rien.

En un an, le pape François a fait mieux qu'initier cette réforme dont Rome a tant besoin, si herculéenne que depuis Vatican II chacun des papes l'a remise à la charge de son propre successeur. Il a déclaré son ambition profonde, qui est de s'alléger de Babylone pour se réconcilier avec les Babyloniens et alors, faire que le catholicisme et l'Église retrouvent leur force vive, née dans une pratique de tous les instants, incarnée, de la compassion, de la paix et de la miséricorde. Le catholicisme : cette assemblée de baptisés en communion avec le pape et les évêques et par-delà toute l'humanité dans le Christ. L'Église : une hiérarchie aux portes ouvertes sur toutes les nouvelles périphéries sociales, sur la société telle qu'elle est, dans sa réalité – fût-elle odieuse, sale et avide – et érigée pour elles. Qu'on se souvienne de la fin de Byzance, dont les prêtres avaient abandonné leurs ouailles pour leur préférer les ors des icônes et d'infinies querelles dogmatiques. A-t-il existé une Église plus *autoréférencée* que celle-là ? Et le Christ en son temps n'avait-il pas prévenu qu'il détruirait le Temple pour le reconstruire en trois jours ?

Ni de droite ni de gauche, mais d'en haut, François a revêtu les habits neufs du Nouveau Monde. Avec ce magnifique détachement de l'ascèse, et la force d'une parole incorruptible indémodable et inattaquable, celle du Christ, il a déjà compris ce que sera le monde du XXIe siècle. Il a pesé sa responsabilité de souverain pontife, de Saint-Père et de vicaire du Christ s'il ne parvient pas, par l'exemple et la fidélité à l'enseignement d'Amour, à contribuer à ce que ce monde nouveau reste humain – une promesse de salut.

Pour autant, que vaudrait la volonté de François sans le concours des hommes ? Que serait le pape sans la solidarité des chrétiens ? Ces deux questions, François oblige aussi à les poser. Il rappelle chaque jour, à chacun, sa responsabilité personnelle, intime, dans l'avenir du monde et alors de l'Église, qui est d'établir ici et maintenant une œuvre qui n'est pas de ce monde. Il le martèle lors des audiences générales du mercredi, et demande aux fidèles de répéter et répéter encore, après lui et en chœur : « Il n'y a pas de monde possible sans miséricorde. » François a révélé que, bien plus que la curie, l'humanité avait besoin de se réformer. Il a redit à chaque homme sa mission initiale – se construire à l'image de Dieu selon le nom – le seul – que Dieu a jamais révélé : Amour. Il appelle chacun à un examen de conscience. Il a montré la voie et que ce n'était pas si difficile, pour peu qu'on le veuille. Tel est le fond de l'exhortation « Joie de l'Évangile » qu'il a publiée à la veille de Noël – un appel à la conversion. Tel est le sens de son « Priez pour moi » – un appel à l'aide. Proposer à chacun d'être son saint Christophe, et de le prendre sur ses épaules, de l'aider à traverser les ténèbres, tandis que lui, François, comme un *alter Christus*, montre la voie, à sa façon, avec la douceur que chante si bien Rainer Maria Rilke :

« Que vaudrait la douceur
Si elle n'était capable,
Tendre et ineffable,
De nous faire peur ?

Elle surpasse tellement
Toute violence
Que, lorsqu'elle s'élance,
Nul ne se défend. »

I

Toute histoire porte ses fables, et tout destin s'entoure de légendes. Peut-être même est-ce la marque d'une destinée exemplaire que de voir la multitude chercher les signes qui l'annonçaient, et les entourer d'un halo de surnaturel. L'élection de Jorge Mario Bergoglio n'échappait pas à ce désir. Dès la démission de Benoît XVI, chaque incident insolite avait résonné déjà comme une prophétie : ainsi les trois éclairs successifs qui foudroyaient la basilique Saint-Pierre, ce jour-là justement, le 11 février 2013. L'image fut saisie par le photographe Filippo Monteforte. Une heure plus tard, elle avait fait le tour du monde. Illustration cosmique de la stupeur générale qui accueillait la renonciation du pape, elle était aussitôt présentée comme un avertissement du Ciel, un de ceux dont la Bible et l'Apocalypse avaient le secret. En Grande-Bretagne, le journal *The Sun* affirmait que Dieu s'était exprimé. En Australie, la une du *Sydney Morning Herald* posait la question qui hante les esprits : s'agissait-il d'un signe de l'Au-delà ? Quant à l'Agence France Presse, elle évoquait un « coup de tonnerre céleste ». Il y avait assurément de quoi alimenter toutes les superstitions : la foudre, frappant par trois fois, en plein hiver, le dôme de la basilique, celle-là même que le pape Jules II avait érigée pour affirmer, au monde chrétien déchiré par la Réforme, toute la puissance de l'Église catholique, et cela en cet instant si particulier dans l'histoire du Vatican.

Le choc de la vacance volontaire du trône pontifical n'était pas encore passé que cinq jours plus tard, dans l'Oural, une météorite s'abattait en boules de feu dévastatrices. Dix mille tonnes de roches, de gaz et de glace explosaient dans l'atmosphère et libéraient une puissance atomique trente fois supérieure à la bombe d'Hiroshima. On avait entendu de violentes explosions, des éclairs de lumière aveuglante, tout ce qu'on imaginait d'une fin du monde. La ville de Tcheliabinsk avait été frappée. Il y avait eu des blessés, des mouvements de panique, des bâtiments éventrés par les ondes de choc. Il pleuvait du feu, tandis que depuis les observatoires du monde entier, on continuait de scruter le ciel en tremblant. L'astéroïde 2012 DA14, le plus gros jamais passé aussi près de la Terre, allait-il s'écraser à son tour sur la Planète bleue ? Mais – grâce à Dieu ? –, le corps céleste, capable d'anéantir une mégapole entière, avait poursuivi sa course dans le grand vide de la galaxie.

Pour beaucoup, le lien était évident. Il fallait être insensé pour ne pas décrypter le message. Le Ciel avait envoyé trois coups de semonce ; et la Terre les avait bien mérités. Dans les tourments de la mondialisation, dans les incendies guerriers qui s'allumaient un peu partout, et au plus proche de nous, dans la dévastation écologique d'une exploitation à outrance et d'un gaspillage obscène, dans les dislocations des corps de la société au premier rang desquels la famille, le grand navire romain était désormais sans capitaine et le peuple de Dieu sans pasteur. Pire, le navire lui-même prenait l'eau. Le saint des saints, la curie, coulait sous les affaires. Lobbies, scandales financiers de l'Institut pour les œuvres de religion quand tant de pauvres mouraient de faim, clergé pédophile, affaires de mœurs étouffées. C'était toute l'institution qui était remise en cause, urbi et orbi. Le tableau était si noir que Benoît XVI lui-même s'était déclaré incapable d'y remédier.

Enfin, le conclave avait été réuni. Le 12 mars, cent quinze cardinaux s'étaient enfermés pour désigner le 266e successeur de Pierre. Jamais sans doute on n'avait attendu avec autant d'espoir et d'inquiétude mêlés le nom du nouveau pape. Les cardinaux étaient-ils encore capables du discernement nécessaire pour entendre ce que leur signifiaient les temps nouveaux ? Y avait-il, parmi eux, un homme capable de sauver la situation ? Sur le parvis de Saint-Pierre, on espérait, le nez au ciel, l'œil rivé sur la cheminée de cuivre rouge, à défaut de la fumée blanche, une manifestation céleste. Le 16 octobre 1978, lors de l'apparition au balcon de Jean-Paul II, une colombe n'avait-elle pas voleté autour de lui ? Ce fut le lendemain, le 13 mars, que le signe eut lieu : un goéland se posait sur la cheminée de la chapelle Sixtine. Sur cet oiseau, on écrivit beaucoup – jusqu'à créer pour lui un compte twitter. Les journalistes voulurent y voir l'annonce d'un pape d'exception et les fidèles, l'Esprit-Saint. Dans ces minutes de battements d'ailes et de plumes blanches, quelque chose durait de ce qui fut la Passion du Fils de Dieu, ou de l'esprit de

Pentecôte. Puis le goéland s'était envolé, aussitôt remplacé par un autre. On chercha des explications au choix de ce perchoir, somme toute très inconfortable, quand la colonnade du Bernin et ses rangées de statues offraient tant d'aires d'atterrissage. L'oiseau avait froid. Là, il avait trouvé un peu de chaleur. La conduite de la cheminée n'était-elle pas chauffée pour permettre un excellent tirage ? La Raison volait au secours des narquois ; l'Espérance à celui des fidèles, ceux qui, quand ils croient, croient en tout ce que leur a enseigné le catéchisme : la Sainte Vierge et le Diable, et l'Esprit-Saint qui souffle là où il veut, comme il le veut et sous la forme qui lui plaît. Le second goéland à peine envolé, la fumée blanche n'avait-elle pas auréolé le ciel ?

Et puis, il y avait eu la confirmation des signes : l'élection de Jorge Mario Bergoglio avait lieu un treize, chiffre déjà emblématique, mais plus encore le 13 mars 2013 – 13/3/2013. Il avait été élu à sept heures du soir à Rome, mais à trois heures à Buenos Aires. Et l'annonce de son nom par le cardinal protodiacre Jean-Louis Tauran, après le traditionnel *Habemus Papam*, avait été prononcée à la treizième minute de vingt heures... En Argentine, on avait tout de suite rappelé que ce fut un 13 encore que Jorge Mario Bergoglio avait été ordonné prêtre, en décembre 1969, trois jours avant ses trente-trois ans et puis... indice suprême au cœur des *Porteños* (tous les habitants de Buenos Aires), le 13 mars, jour de son élection, le numéro gagnant de la loterie nationale, le 8235, était celui de sa carte d'affiliation au club de foot San Lorenzo d'Almagro.

Des signes, il y en avait eu bien avant ces épisodes romains, qui semblaient guider Jorge Mario Bergoglio vers son destin. Ainsi, cette curieuse réponse, comme échappée, malgré lui, de ses lèvres, prémonition ? humour ? le 12 novembre 2011 et qui l'avait tellement déconcerté – et avec lui son interlocuteur – que ce dernier l'avait relatée dans le magazine *Noticias*. Jorge Mario Bergoglio renonçait alors à la présidence de l'épiscopat puisque, quelques semaines plus tard, le 17 décembre, il allait atteindre soixante-quinze ans, la limite d'âge canonique pour sa charge d'évêque de Buenos Aires. Cette retraite, il en rêvait. Il attendait avec impatience de se consacrer plus encore à la prière et, enfin débarrassé des tracas administratifs, aux âmes en peine, de plus en plus nombreuses, de la ville. Il venait de dire une messe place de la Constitution et rentrait à pied à l'archevêché. Il marchait seul et portait son éternel et vieux cartable noir. Le journaliste Diego Genoud avait reconnu, dans la foule, cette silhouette familière : « Cardinal, à qui allez-vous proposer de vous succéder ? » lui avait-il demandé avec insistance, parce que les partisans de Cristina Kirchner, présidente de la Nation, redoutaient que son successeur continue à dénoncer aussi farouchement les dérives gouvernementales. Et Bergoglio de répondre spontanément, en regardant le ciel : « Au pape. » La phrase avait fait couler beaucoup d'encre lorsque l'évêque sur le départ avait été élu souverain pontife deux ans plus tard. On s'était d'autant plus étonné qu'on savait que, lors du précédent conclave, dont les secrets pourtant inviolables avaient transpiré, Bergoglio avait découragé ses partisans en leur demandant de reporter leurs voix en faveur du favori, lorsque, aux premiers tours de scrutin, son nom avait talonné celui de Joseph Ratzinger.

Enfin, il y avait eu un autre événement curieux, le jour même de la renonciation de Benoît XVI. À son habitude, à Buenos Aires, Mgr Bergoglio célébrait une messe dans l'église de l'Immaculée-Conception, dont c'était la fête. Tout à coup, vers la fin de la cérémonie, des fidèles s'étaient levés et lui avaient crié : « Tu vas être pape ! » Le père Ricardo Crislogo Fiat, qui m'a raconté l'histoire, se souvenait du trouble de son évêque quand il lui avait relaté l'incident. « Je ne sais pas s'il y croyait, mais il en avait une sainte terreur. Depuis plus d'un an, il attendait que Benoît XVI lui signifie sa retraite effective, puisqu'il avait passé le cap des soixante-quinze ans. Il est parti pour Rome sans enthousiasme aucun, et uniquement pour faire son devoir d'électeur du nouveau souverain pontife. »

II

Mais alors, à Buenos Aires, personne ne s'attendait à son élection ? Mgr Bergoglio avait quitté la capitale argentine le 26 février avec une petite valise, et un billet de retour en classe touriste pour le 23 mars. « Qui sait si vous ne resterez pas à Rome ? » avait plaisanté le prêtre en claquant la porte du *colectivo* Manuel Tienda León qui l'emmenait, seul, à l'aéroport d'Ezeiza. « Il m'a répondu "Vous n'y pensez pas ! Avec tout le travail qui nous attend pour préparer la Semaine sainte ! Je serai de retour en temps et en heure." » De son propre chef, il avait décidé que tout serait joué à cette date. Il voulait être de retour pour la messe des Rameaux, qu'il tenait à célébrer. Pour autant, peut-être sur le ton de la plaisanterie, peut-être en souvenir du précédent conclave, où, comme le futur Paul VI était arrivé derrière Jean XXIII, il avait été nommé derrière Ratzinger, on lui avait soumis cette possibilité. « "*No muerto !*" rétorqua-t-il, avec ce cri du cœur typique en Argentine qui dit que pour tout l'or du monde, on n'irait pas quelque part. » Jorge Bergoglio ne voulait pas quitter Buenos Aires, ni son peuple et son saint patron, Martin de Tours, celui qui avait donné la moitié de son manteau à un pauvre mourant de froid. Dans sa valise, il avait pris ce qu'il emporte en voyage et qui constitue l'essentiel de ses biens matériels. Son bréviaire, premier et dernier livre qu'il ouvre dans la journée, le crucifix de ses grands-parents qu'il accroche au-dessus de son lit, où qu'il aille, enfin la paire de chaussures neuves que ses collaborateurs lui avaient offerte pour qu'il leur fasse honneur à Rome, et le strict nécessaire de toilette et d'habits. Le matin même, il avait ouvert son cœur au père Alejandro Russo, le recteur de la cathédrale métropolitaine. Il regrettait que la date du conclave ait été fixée si rapidement. L'Église n'avait pas eu le temps nécessaire pour réfléchir au pontificat de Benoît XVI. Mais le recteur l'avait rassuré. Il demanderait à tous les prêtres du diocèse qu'ils prient pour Mgr Bergoglio pendant le conclave, et que l'Esprit-Saint l'inspire, puisque leur évêque avait la très lourde charge d'y participer. « Vous verrez, quand ils diront, en dépouillant les votes, "Éminentissime Bergoglio soixante-seize voix, Éminentissime Bergoglio, soixante-dix-sept voix !" Et qu'alors vous serez élu… » avait encore plaisanté Alejandro Russo. Malgré son sens de l'humour légendaire, le cardinal n'avait pas souri. « On arrête tout de suite avec ces fadaises », avait-il rétorqué, et si fort que le recteur lui avait rappelé l'article 86 de la constitution apostolique *Universi Dominici Gregis*, de Jean-Paul II, qui évoquait justement l'élection du nouveau souverain pontife : « Je prie, avait écrit Jean-Paul II, celui qui sera élu de ne pas renoncer au ministère auquel il est appelé, par crainte du poids de la charge, et au contraire, de se soumettre humblement à la volonté divine. Parce que Dieu, en lui imposant cette charge, lui tendra la main pour qu'il puisse la supporter ; en lui confiant une mission si grave, il lui donnera aussi l'aide pour la remplir et, en lui confiant cette dignité, il lui attribuera la force pour qu'il ne défaille pas sous le poids du ministère. »

Dans l'avion d'Alitalia qui décollait pour l'emmener à Rome, son genou douloureux étendu devant lui – on lui avait accordé une place devant une sortie de secours – Jorge Bergoglio avait regardé par le hublot sa terre argentine s'éloigner doucement. Les grandes terres de la pampa, piquées de plumets blonds et d'arbres, puis Buenos Aires, alanguie le long d'un río de La Plata vaporeux d'été austral. Il était déjà trop haut pour reconnaître le damier des rues, les quartiers qu'il aimait, les jardins publics où les anciens, avec qui il échangeait toujours deux ou trois mots, prenaient leur yerba maté. À peine avait-il repéré le ruban de Libertador, la vaste avenue qui s'étirait du port jusqu'à Tigre, la petite ville du delta, que la mégapole glissait sous l'aile de l'avion. On surplombait maintenant l'énorme embouchure du fleuve, presque une mer, couleur violine – cap sur l'inconnu. Il n'éprouvait aucune allégresse. Il détestait quitter Buenos Aires. Même pour aller en Italie, où plongeaient pourtant ses racines familiales.

III

Ses grands-parents avaient émigré moins d'un siècle auparavant. Des retards dans la liquidation de ce qu'ils possédaient avaient empêché le grand-père d'embarquer à Gênes sur le *Princesse Malfada*, en partance pour l'Argentine. Le navire avait sombré corps et biens en vue des côtes du Brésil. Les difficultés du départ avaient sauvé la vie de la famille Bergoglio, originaire du petit village de Portacomaro dans le Piémont. C'est donc à bord d'un autre navire, le *Jules César*, que Giovanni, le confiseur de Portacomaro, sa femme Rosa Margarita et leur fils de vingt-quatre ans, Mario José Francisco, avaient fait la traversée. Buenos Aires leur était apparue au petit matin, dans ses premières fumées, comme une ligne douce sur l'ourlet de l'horizon. Ils avaient quitté le Piémont dans les rigueurs de l'hiver et posaient le pied dans un été austral chaud et humide, et Rosa, qui suffoquait, n'osait pas quitter son manteau à col de renard. Elle y avait cousu toutes leurs économies.

Jorge Mario Bergoglio a raconté ces souvenirs de famille à deux journalistes argentins, Francesca Ambrogetti et Sergio Rubin, alors qu'il était évêque de Buenos Aires et que sa figure commençait d'étonner, de séduire, voire de déranger quelques politiques. Il leur a dit son amour charnel pour ce pays tout neuf, rutilant de richesses et de promesses aux yeux des immigrés, débarqués là, dans ce port de Buenos Aires qui concentre toute l'énergie de la ville. Comment ne pas l'aimer ? Dès l'aube, dans l'averse bleue de lumière, y rugit une symphonie de Nouveau Monde qu'orchestrent les sirènes des remorqueurs, le ferraillement des grues, le ballet des cargos chargés jusqu'à la gueule de minerais, de viande, de graines, de bois, de toutes les richesses affluées par le río de La Plata, et celles des sept mers et des quatre continents. Il y règne une énergie, une vitalité, un désir d'allant sans pareils qui entraînent tout un petit peuple carnivore, lancé dès le matin à la conquête de son pain dans mille métiers – promeneurs de chiens, vendeurs à la sauvette, acrobates de feux rouges, gardiens de place de parking, portiers de maison, plantons de file d'attente, débiteurs à la criée, de fruits, de journaux, de vitres, de cartes téléphoniques, de faux billets.

Toute sa vie, Jorge Bergoglio a aimé rencontrer ces gens et arpenter les avenues de Buenos Aires. Qu'on lui parle de la métropole, et alors il ouvre chaque nom de quartier comme un herbier, pour en humer les parfums. Lugano, Flores, Almagro, Caballito... chacun, selon lui, a son charme particulier, sa marque, son accent, nés d'une alchimie subtile entre ses habitants, selon les communautés qui, les premières, les ont investis, et la chaleur avec laquelle elles ont répondu au climat et au ciel argentins. Flâner dans ces rues larges, sur ces trottoirs plantés d'arbres anarchiques, passer les angles coupés des *esquinas* où s'ouvrent les boutiques des vendeurs d'*empanadas*, pousser la porte des cafés dallés de damiers noirs et blancs, converser un instant avec les retraités venus là siroter leur maté en jouant aux cartes dans le crachotement d'un vieux téléviseur. S'inviter dans les maisons de retraite et glisser dans le regard de leurs pensionnaires son sourire et quelque chose du Christ, encourager les enfants dans les parcs, absorbés tout entiers par l'autre religion nationale, le *fútbol*. Tels étaient les inépuisables plaisirs de cet amateur d'âmes. Chaque jour de sa vie *porteña*, il a porté ses pas de la Rivadavia au Riachuelo qui étire le port jusqu'à La Boca, où les premiers immigrants italiens ont jeté l'ancre au XIXe siècle, et de Puerto Madero aux Darsena Norte où se sont édifiées, dans les dernières années, entre les cargos éventrés et les coques de rouille échouées dans les roseaux, les premières baraques des premiers bidonvilles d'Argentine, ces *villas miserias* qui ne cesseront plus jamais de le bouleverser.

Cet amour pour sa ville et son pays, pour ses habitants les plus humbles, les plus simples, a sous-tendu ses actions, ses discours, ses exhortations tout au long de sa vie religieuse. Il voyait en eux, par-delà leur misère et leur abandon, par-delà leur déréliction, l'Espérance qui tous les a portés dans le pays, et son naufrage. Comme eux et comme leurs parents, ses grands-parents étaient venus ici troquer l'exiguïté d'un pays dévasté par la guerre pour l'espace, l'exode pour une identité. Et la même question continuait de le tarauder : comment, pourquoi étaient-ils de plus en plus nombreux à échouer, dans les deux sens du terme, sur cette terre riche, capable de nourrir grassement trois cents millions de personnes, fourrée de minerais, bordée de côtes poissonnières, vertigineuse d'espace ? Des pauvres, il y en avait toujours eu, bien sûr, mais peu, moins de quatre pour cent de la population dans les années soixante, et rien qui équivaille à l'extrême dénuement que le pays connaissait aujourd'hui, et dont la crise de 2011 a porté le chiffre d'hommes et de femmes vivant en dessous du seuil de pauvreté à cinquante pour cent de la population. Jorge Mario Bergoglio n'a pas attendu ce dernier krach économique pour donner un nom à ce paradoxe – l'injustice sociale – ni à en désigner le fauteur – l'irresponsabilité des politiques de tous bords. Cette injustice a créé un fossé abyssal, aujourd'hui infranchissable, entre les plus pauvres et les plus riches. Un abîme toujours plus large, toujours plus profond au cours des ans, par-dessus lequel il s'évertuait à jeter des ponts.

Cette injustice sautait aux yeux, désormais, dans ces étonnants raccourcis qu'offre l'Amérique, dans ces juxtapositions d'images et de mondes qui n'appartiennent qu'à elle. À Buenos Aires, on pouvait maintenant fixer sur une même photographie la ligne crasseuse et chaotique d'un bidonville et la dentelle étincelante de verre et d'acier des gratte-ciel, élevés il y a vingt ans, au temps des affaires. Cet envers du beau monde n'émouvait plus personne, pas plus que l'obscénité même de son existence. Plusieurs fois, au cours d'entretiens journalistiques, Mgr Bergoglio a souligné son indignation, qu'il voudrait générale : dans les restaurants d'un Puerto Madero luxueusement rénové, on dîne de steaks énormes sans avoir l'appétit coupé par l'existence, à quelques centaines de mètres, de la Villa miseria Once.

Où était le légendaire sens de l'amitié argentin ? L'entraide spontanée des immigrants entre eux ? Qu'étaient devenues les amitiés nées lors des traversées et perpétuées à terre ? Le partage d'un peu de pain, d'un litre de lait, d'un morceau de savon, entre voisins ? On en fêtait encore l'esprit en mangeant des gnocchis tous les 28 du mois, mais c'était entre soi et comme en souvenir d'un temps révolu.

Dans l'hôtel des Immigrants voisin de Puerto Madero, transformé aujourd'hui en musée, on touche des yeux ce qui portait tous ces hommes et ces femmes, venus là chercher une vie meilleure : Italiens bien sûr, mais encore Espagnols, Syriens, Polonais, Hongrois, Russes, Allemands. On a exposé leurs effets, abandonnés comme autant de mues – chaussures et valises, vêtements et cahiers. Leur présence flotte dans les salles, vastes et vides, où pénètre à peine le bruit des quais. Les photographies exposées répètent les mêmes scènes – jeux sur le pont des bateaux, gymnastique des jeunes hommes dans les gréements, débarquements périlleux sur de dansantes passerelles. Les regards obstinément posés sur vous, avec une sorte d'éternité et d'absence, n'en finissent pas, figés sur le papier glacé, de fouiller l'avenir et de vous interroger. Parmi ces clichés sépia, on chercherait en vain les visages de Rosa, de Giovanni et de Mario José Bergoglio. Ils n'avaient pas connu cette parenthèse de la quarantaine, ni eu à patienter, dans ce bâtiment, pour avoir leurs visas. Ils étaient attendus.

Trois des frères de Giovanni avaient déjà fait le voyage, sept ans auparavant. En 1922, aux lendemains de la Grande Guerre, les aînés de cette fratrie de six enfants avaient choisi de tenter leur chance dans ce pays où, disait-on, il suffisait de planter une ombrelle pour qu'elle donne un fruit. Ils y avaient même fait fortune, à Paraná, la capitale de la province d'Entre-Ríos. Ensemble, ils avaient monté une entreprise de carrelage. Leurs lettres décrivaient aux cousins d'Italie une vie de cocagne, du travail à foison, l'opulence du fleuve au bord duquel ils avaient fait construire la maison familiale – un immeuble de quatre étages doté d'un des premiers ascenseurs, où chacun possédait son appartement. Aussi Giovanni Bergoglio et sa famille ne s'étaient-ils pas attardés à Buenos Aires quand ils avaient débarqué, impatients de revoir ceux dont la pauvreté qui sévissait en Italie, riche en enfants et pauvre en pain, les avait séparés depuis trop longtemps. Ils avaient pris le train à la gare de Constitución et filé, emportés par une locomotive à vapeur, vers le nord et le cœur argentin, fait d'herbes et d'eaux, de vaches et de palmiers, certains d'avoir enfin touché la terre promise.

IV

Cette matinée du 24 février, personne ne l'attendait à l'aéroport de Fiumicino. Il avait pris le train pour le centre de Rome ; puis il s'était rendu à la maison internationale du clergé, via della Scrofa. On lui avait donné sa chambre habituelle, la 203, spacieuse, sobre et intemporelle dans son absence de décoration. Rien n'y avait été changé pendant les huit années qui s'étaient écoulées depuis le dernier conclave. Il se retrouvait au même endroit, dans les mêmes circonstances, pour remplir la même mission – élire le nouveau souverain pontife. Il ne gardait pas un bon souvenir du précédent Sacré Collège qui avait offert un successeur à Jean-Paul II. Il aurait aimé qu'un autre cours des événements ou son âge le dispensent à jamais de revivre cette épreuve. Alors, il avait senti le vent du boulet l'effleurer. Dès le premier tour de l'élection, et contre toute attente, il s'était retrouvé en deuxième position avec dix voix, tandis que Josef Ratzinger en réunissait quarante-sept. Mais au deuxième tour, l'écart entre les deux cardinaux s'était amenuisé.

Au troisième tour, à eux deux, ils rassemblaient presque l'ensemble des votes. Soixante-douze voix pour Ratzinger contre quarante pour Bergoglio. Le cardinal argentin avait considéré sa situation avec effroi. Elle lui faisait horreur. Non seulement il ne voulait pas être pape, mais il désirait encore moins empêcher, par la minorité de blocage dont il disposait désormais, l'élection de Joseph Ratzinger. Il désirait encore moins être l'enjeu de tractations entre les clans de la curie, italien, réformateur, progressiste ou conservateur. Il éprouvait du respect et de l'admiration pour Joseph Ratzinger, doyen du collège cardinalice et bras droit de feu Jean-Paul II. S'il ne partageait pas toutes ses vues, il rejoignait de tout son être son sentiment tragique sur la disparition de la question de Dieu dans les consciences occidentales. Comme ce théologien allemand, peut-être trop doux, trop élégant, il restait convaincu que le premier des travaux pétriniens serait de chercher à résoudre cette acédie générale sur quoi aucune Église ne pouvait consolider ses fondations. Lors de son voyage d'études en Allemagne, où il rédigeait sa thèse, il avait médité la question dans les textes de Romano Guardini, qui avait été le professeur de Joseph Ratzinger et continuait de l'inspirer.

De ce conclave d'avril 2005, on connaît presque tous les détails qui ne devraient pas l'être. Le secret doit protéger à tout jamais les choix du Sacré Collège, sous peine d'excommunication pour qui trahit ce serment. Mais il le fut. Cinq mois plus tard, le journaliste italien Lucio Brunelli publiait dans la revue *Limes* le journal de ces journées, que lui avait confié un cardinal anonyme. C'est ainsi qu'on sut que le mardi 19 avril 2005, après ce troisième tour qui l'établissait de façon éclatante comme papabile, Mgr Bergoglio avait eu les larmes aux yeux. Pendant le déjeuner qui avait interrompu le cours des prières et des votes, il avait fait comprendre à ses pairs son refus de la mitre. Il avait demandé à ceux qui, peut-être, avaient voté pour lui de reporter leurs intentions sur Joseph Ratzinger. On l'avait heureusement entendu. Dans l'après-midi, lors du quatrième tour de votation, Joseph Ratzinger, avec quatre-vingt-quatre voix, dépassait largement la majorité des deux tiers requise pour être élu, et il avait été sacré 265e successeur de saint Pierre sous le nom de Benoît XVI.

Sans doute avait-il lui-même voté pour le cardinal allemand. Après le long règne de Jean-Paul II, l'Église avait besoin d'un pape de transition, le temps de réfléchir à ce qui, dans le difficile et contradictoire héritage de Karol Wojtyla, devait être continué ou bien temporisé. Tous, cependant, n'opinaient pas à cette tradition, qui veut une alternance entre les règnes, entre les périodes de réformes et celles d'études et de réflexion ; entre règnes longs et règnes courts. Certes, le pontificat de Jean-Paul II avait duré comme aucun autre dans l'histoire, et dans un temps d'actualité toujours plus dense, et de communications toujours plus rapides. Sa maladie, dans les dix dernières années, avait paralysé la curie qu'avait tenté de gouverner son secrétaire d'État, le cardinal Angelo Sodano. Beaucoup avaient soif d'actions, de réformes, voire d'un Vatican III, quand d'autres désiraient une pause, souffler, se ressaisir dans l'immobilité et laisser passer la tempête. Il y avait aussi le clan des Italiens qui jugeait extravagante cette expérience polonaise et urgent de recentrer la papauté au Vatican. Qui pouvait succéder à Jean-Paul II ? Et selon quelles vues sur une Église qui semblait à certains trop archaïque, trop rigoriste ou trop dogmatique, dans une société désormais résolument postchrétienne ? Les cardinaux avaient finalement choisi de confier les réponses à la sagesse de Joseph Ratzinger, en l'absence d'un autre prétendant, à mesure que Jorge Mario Bergoglio se retirait de la course. Huit ans plus tard, force était de constater que le cardinal allemand n'avait pas été le pape de la situation, ni le recours attendu pour mettre fin aux affaires et aux scandales qui menaçaient la curie.

Via della Scrofa, Mgr Bergoglio, ses affaires à peine défaites, s'était mis à prier Joseph, Marie et sainte Thérèse de Lisieux, ses intercesseurs de prédilection auprès de Dieu. Éprouvait-il le sentiment que par un curieux tour dont il avait le secret, le destin le rattrapait là exactement où, huit années plus tôt, il avait cru lui échapper ? La correspondante argentine à Rome du journal *La Nación*, Elisabetta Piqué, grande amie de Bergoglio, la seule avec l'écrivain italien Vittorio Messori à lui avoir reconnu de grandes chances, raconte combien l'évêque de Buenos Aires était rentré défait du dernier conclave. Il s'était confié dès son arrivée à Ezeiza à un vieil ami médecin. « Docteur, tu ne peux pas savoir combien j'ai souffert. Je me suis senti instrumentalisé, manipulé. » La publication du journal tenu par le mystérieux cardinal avait confirmé ces dires. L'auteur des fuites avait écrit de l'évêque de Buenos Aires : « Je l'observe tandis qu'il dépose son bulletin dans l'urne, son visage est empreint de souffrance, comme s'il implorait : Dieu, épargne-moi cela. »

Dehors, la pluie fine de l'hiver attristait la Ville éternelle et dans une bouffée de nostalgie, le cardinal songea aux févriers de Buenos Aires, aux fleurs de ceibo dont le rouge enflammait la frondaison des parcs et à l'envol des perruches vertes dans la moiteur du ciel. Il songea au sourire édenté de Chacho Mendoza, l'immigré clandestin bolivien de la Villa 31, et au maté bien amer et bien fort comme il l'aimait que lui préparait Maria Esther Picallo, du haut de ses quatre-vingt-six ans, quand il arrivait au bidonville. Puis lui revinrent en mémoire les troublantes paroles de Benoît XVI, lors de sa dernière audience générale, le 17 février dernier, face aux fidèles venus lui rappeler leur fidélité au cœur même de leur désarroi : « Dans les moments décisifs de la vie, mais aussi à bien y regarder, à chaque instant, nous nous trouvons face à un carrefour : est-ce que nous voulons suivre notre "moi" ou Dieu ? L'intérêt individuel ou le vrai Bien, c'est-à-dire ce qui est réellement bon ? » Avaient-elles été prononcées pour lui, aujourd'hui confronté au même carrefour que huit années auparavant ? Qu'avait-il choisi de suivre alors, en refusant le vote de ses coreligionnaires ? L'intérêt individuel, ou ce qui était réellement bon ?

V

Il était argentin, certes, par la sève d'Amérique du Sud qui coulait dans ses veines ; mais il était aussi italien, par la parole et la tendresse de sa grand-mère, Rosa Margarita. Enfant, il avait beaucoup vécu dans son giron. Deux ans après leur installation à Paraná, Giovanni et Rosa avaient connu la faillite. La crise de 29 avait mis trois années à se répercuter en Argentine ; elle y était apparue avec une brutalité extrême. Les Bergoglio avaient tout perdu et dû tout vendre, jusqu'au caveau familial. Les quatre frères s'étaient dispersés. Le couple et leur fils, Mario José Francisco, étaient alors repartis pour Buenos Aires, chercher un nouvel avenir. Dans cette ville déjà énorme et inconnue, ils avaient choisi de poser leurs valises dans le quartier d'Almagro, où vivait une forte communauté italienne. Le choix était heureux. Ce fut dans l'église du quartier, l'oratoire salésien de San Antonio, lors de la messe dominicale, que Mario, le père du cardinal, rencontra sa femme, Regina Maria Sivori, fille d'une Piémontaise et petite-fille d'un Génois.

Lors de ses entretiens avec Ambrogetti et Rubin, l'Évêque de Buenos Aires a raconté l'attachement très particulier noué avec sa grand-mère. *Nonna* Rosa l'avait porté sur les fonts baptismaux, huit jours après sa naissance. C'était un jour de Noël, chaud et joyeux, fêté par les jacarandas en fleur et la douceur pétillante de l'Avent. On était en 1936, loin des orages qui grondaient sur l'Europe, loin des menaces qui pesaient sur l'Italie et, tout en priant pour la famille restée là-bas, on ne cessait de se réjouir d'avoir élu ce ciel. La seule tristesse tenait à l'élimination, en finale de la coupe d'Argentine, du club de foot de San Lorenzo de Almagro, pourtant vainqueur de la *copa de honor*, par le club de River Plate. Le père du petit Jorge était un membre assidu de San Lorenzo, quand bien même n'y pratiquait-il que le basket-ball. Mais il y avait, dans l'attachement à cette équipe, quelque chose de la fidélité à l'Italie, d'un panache social – River Plate, c'était le Buenos Aires des riches –, et à leur église – le club n'avait-il pas été fondé par un prêtre ?

Rosa Margarita avait pris son rôle de marraine au sérieux. Elle avait entouré ce premier petit-fils de son amour et de ses conseils. Il avait gagné auprès d'elle une familiarité avec les choses de l'église, une intimité avec la prière, l'idée que la paroisse était un foyer où l'amitié pour les voisins trouvait à s'incarner. Elle avait pris Jorge sous sa coupe pour soulager sa belle-fille après ses accouchements. Chez ses grands-parents, il entendait cet italien du Piémont qu'il continue de parler aujourd'hui. Dans la liturgie quotidienne de cette femme simple et pieuse – le ménage, la cuisine, le ravaudage, et dans les histoires qu'elle lui racontait du petit village de Portacomaro qu'elle portait en elle –, il avait pesé à sa juste valeur la densité de la nostalgie, et ce qu'elle nourrit l'âme en l'enracinant dans une mémoire intemporelle. La nostalgie de sa grand-mère pour son Italie natale le reliait non seulement à sa lointaine famille, mais encore à ses amis, ses voisins, toute la communauté d'immigrés qui avaient dû s'arracher de leurs terres pour tenter de se replanter ailleurs. « L'origine du mot nostalgie – du grec *nostos algos* – marque le désir de retourner en un lieu, c'est de cela que parle l'*Odyssée.* Elle a une dimension humaine. Ce que fait Homère à travers l'histoire d'Ulysse, c'est marquer le chemin du retour au sein de la terre, au sein maternel de la terre qui nous a donné la lumière », a précisé dans ses entretiens Jorge Mario Bergoglio qui ne cesse de regretter qu'on ait oublié la dimension anthropologique de cet *état d'âme.*

Immigré à Rome et fils d'immigrés en Argentine, elle-même terre d'immigration, personne ne pouvait comprendre mieux que lui le drame de ce phénomène qui ne cesse de s'amplifier, qu'est l'inexorable migration des peuples du Sud vers les terres du Nord. Lampedusa, cette île de naufrages, symbolise à ses yeux le désespoir des candidats à une autre vie, mais aussi les tensions, le rejet et la violence qui les accompagnent, et ce qu'exige de compassion et de miséricorde le fait de ne pas y céder. « Nous devons nous bouger vers nos frères et sœurs, et surtout vers ceux qui sont les plus éloignés, ceux qui sont oubliés, ceux qui ont besoin de compréhension, de consolation, d'aide, a-t-il exhorté. Nous nous sommes habitués à la souffrance de l'autre. Mais qui parmi nous a pleuré pour ces faits, pour la mort de ces frères et de ces sœurs ? » a-t-il repris, dans son homélie. Il a demandé pardon à Dieu pour notre indifférence, pour « la mondialisation de l'indifférence ». Dans les grincements de dents qui ont accompagné son déplacement à Lampedusa, le 8 juillet 2013, son premier voyage hors de Rome, improvisé, accompli sans la présence des représentants officiels de l'État, le pape François a fait plus que pleurer sur les corps sans identité que le ressac avait rejetés sur les plages. Il a interposé le corps du Christ entre eux et nous, pour nous obliger à le reconnaître parmi ces *desperados* d'Afrique. Ceux-là, il sait par cœur leur parcours ; il a fait leur connaissance dans son propre pays. Les bidonvilles en sont remplis, venus des contrées les plus pauvres d'Amérique latine, Boliviens, Péruviens, Colombiens. Et lorsque ces êtres fantomatiques sortent de leurs taudis, c'est pour fouiller les poubelles et s'en nourrir. Il sait tout autant le mélange de dégoût et d'indifférence qui accompagne les *cartoneros* dans les rues de Buenos Aires, l'intolérance que leur vue provoque – l'intolérance, ce mal extrême qu'il voit enfler dans toutes ses manifestations. Il se cache sous d'autres noms, a-t-il souligné plus tard : « la mondialisation de l'indifférence », ou encore « l'anesthésie des consciences ». Il était venu à Lampedusa en deuil, « pour prier et réveiller les consciences ».

À Rome, ce voyage a provoqué le mécontentement de beaucoup de membres de la curie, et plus particulièrement celui des « realpoliticiens » de l'Église – ceux qui condamnent l'absence de réalisme et l'irresponsabilité d'un tel geste, qui ne peut qu'encourager les candidats à la clandestinité. Mais attendrait-on de Jésus qu'il ergote sur les conséquences de l'immigration sauvage, ou sur les mafias bien réelles qu'elle entretient et qui en vivent ? François est là pour donner la nostalgie du Christ, et nous rappeler que Jésus avait, le premier, accepté à sa table les femmes impures, les Romains souillés, les étrangers les plus haïssables aux yeux de ses contemporains, tous ceux que repoussaient avec indignation ses disciples. Il est allé à Lampedusa pour « réveiller les consciences ». « Contrairement à ce que croient généralement les moralistes, la vraie misère n'a pas d'issue dans le crime, elle n'a d'aboutissement ni dans le mal ni dans le bien, la vraie misère n'a pas d'issue. La vraie misère des misérables n'a d'issue qu'en Dieu », a-t-il semblé répondre, en incarnant ces mots de Georges Bernanos.

Cette hostilité romaine, et ce malaise des chrétiens qui se sentent « envahis » par l'immigration massive d'hommes et de femmes d'ailleurs, clandestins ou pas, François les a gardés au cœur. Lors de son homélie du dernier jour de l'année, qu'il a prononcée le 31 décembre 2013, il a rappelé : « Que nous le voulions ou pas, ce sont nos frères. » Des naufragés de Lampedusa aux survivants qu'on rencontre aujourd'hui dans nos rues, il convient de garder la même prière, la même fraternité, sans quoi, rien n'est possible, rien ne s'incarne. « Chaque moment de notre vie n'est pas provisoire, mais définitif, et chacune de nos actions est chargée d'éternité ; de fait, la réponse que nous donnons aujourd'hui à Dieu qui nous aime en Jésus-Christ a une incidence sur notre avenir. »

Il y a dans la façon de voir et d'agir de Mgr Bergoglio beaucoup de ces curés italiens du Piémont du siècle dernier, ce christianisme à la fois pieux et fortement engagé auprès des plus pauvres, à la façon de ce que prônait un don Giovanni Bosco, canonisé par

Pie XI en 1934. Un petit côté don Camillo qui n'hésite pas, même s'il s'évertue à rendre à César ce qui lui appartient, à s'occuper de toutes les misères du monde avec courage. Une bonhomie pleine de tendresse, pleine de confiance et de fermeté qui pousse celui qui la reçoit au meilleur, cette *amorevolezza* inimitable.

Cette image du curé traditionnel, que le cinéma a portée dans notre imaginaire, c'est encore Rosa Margarita, la tranquille militante de Dieu, qui l'a inspirée à son petit-fils – celle d'un pasteur attaché à l'Église, au pape et à la Madone, un prêtre simple et jovial, direct et profond. Certains de ces curés avaient émigré avec leurs ouailles en Argentine, pour ne pas les abandonner au grand vide du monde nouveau. Lors des messes auxquelles il assistait, nul doute que l'empreinte pastorale de don Bosco façonnait les homélies. Les oratoires salésiens, créés par ce fils de pauvres paysans de Castelnuovo, patrie des Bergoglio, ne furent-ils pas les premiers à s'élever sur les berges du río de La Plata ? Et quel petit Italien, en bon catholique, s'il allait à la messe, pouvait ignorer comment, tout jeune prêtre, ce « pays » avait apporté la preuve éclatante et toute neuve que l'éducation, spirituelle, intellectuelle et professionnelle, prévenait les enfants contre la délinquance ? Comme beaucoup de ses camarades, Jorge Mario avait reçu et distribué, en souvenir de sa communion solennelle, l'image de don Bosco, qui s'était dévoué à la cause des enfants abandonnés de Turin et à leur éducation, ainsi qu'au sort des vagabonds, et à toutes les périphéries sociales qui surgissaient en marge des premières villes industrielles, avec la seule force de son ardente charité.

Le prêtre qui avait baptisé Jorge Mario, dans l'église Sainte-Marie-Auxiliatrice d'Almagro, Enrique Pozzoli, était lui-même un salésien. Bien après que Jorge Mario eut quitté le pensionnat, salésien lui aussi, de Ramos Mejía, il avait continué d'écouter le simple curé qui l'avait ondoyé, lorsqu'il rendait visite à *Nonna* Rosa. Alors, celui qui allait devenir son directeur spirituel à l'adolescence évoquait sa vocation et les missions dont il rêvait, loin de Buenos Aires. Entre deux *benedicite,* il faisait entrer dans la cuisine de sa grand-mère les vastes espaces des confins argentins, la solitude des bergers de la Terre de Feu et de tous ceux qui avaient jeté l'ancre dans les creux de la pampa. Si loin, si seuls, qu'ils n'entendaient presque plus, dans le rugissement du vent, la parole de Jésus. Puisqu'ils ne pouvaient aller à l'Église, l'Église irait à eux, assurait le père Pozzoli. Et il l'avait fait. Il était parti un jour pour le Sud extrême et ses crépuscules chroniques. Il l'avait fait, tout simplement, montrant par là que ce n'était pas si difficile, ni si compliqué, de s'engager. Il suffisait de faire un premier pas.

VI

Il est une autre nostalgie que sa grand-mère Rosa lui avait inculquée dans la douceur de l'enfance. C'est celle de la famille dans sa verticalité, celle de cette présence fragile des aïeux auprès des petits-enfants, et leur rôle dans la transmission d'une vision, d'une expérience, d'un amour. Qui incarne mieux le foyer familial ? Et quel meilleur recours, pour celui qui perd tout, que les liens familiaux ? L'accueil des oncles à Paraná quand ils étaient riches, l'entraide des frères quand ils perdirent tout, l'aide de Rosa auprès de sa belle-fille, fatiguée par cinq grossesses et l'éducation de ses enfants et paralysée après son cinquième accouchement, cette expérience a fortement marqué la conception sociale du père Bergoglio. Des déjeuners dominicaux, des parties de *brisca* le soir, quand tout le monde avait fait ses devoirs, de l'écoute des opéras italiens, autour du poste, le dimanche après-midi, avec ses deux frères et ses deux sœurs, commentés par leur mère, des jeux dans la rue sous la surveillance attentive des retraités du quartier, des sorties au stade avec le père, il n'a rien oublié. Et aujourd'hui, rien ne l'affecte plus que l'exil des « vieux » dans les maisons de retraite, « avec trois boules de naphtaline dans la poche de leur chandail ».

C'est l'image de sa grand-mère, et l'absence de toutes les grand-mères dans les familles déracinées, qui a dicté le fond de sa traditionnelle homélie du matin, dans la maison Sainte-Marthe, le 19 novembre 2013. « Aujourd'hui, les personnes âgées ne comptent pas. C'est terrible à dire mais on les rejette parce qu'elles dérangent. Pourtant, ce sont elles qui apportent l'histoire, la doctrine, la foi et la donnent en héritage. Ce sont elles qui, comme le bon vin qui a vieilli, ont la force intérieure pour donner un noble héritage. » Il aime à répéter l'histoire qui circulait dans son enfance, de l'aïeul chassé de la table familiale par le père parce qu'il commençait à ne plus manger proprement. On lui avait réservé une place, seul, près du feu, comme un chien à qui on servait la soupe dans une écuelle. Or un soir, le père était entré et avait trouvé son fils occupé à creuser une assiette dans un morceau de bois. Comme il s'en étonnait, le fils avait répondu : « Je prépare ton plat, pour le jour où tu seras vieux comme grand-père. » Tout au long de sa vie de curé, il a rappelé à ses ouailles qu'un « peuple qui ne protège pas les grands-parents, un peuple qui ne respecte pas les grands-parents, n'a pas d'avenir, parce qu'il n'a pas de mémoire, il a perdu la mémoire ». Et le respect des aïeux, n'est-ce pas l'injonction du quatrième commandement « Honorer ses parents » ?

En vérité, la présence de Rosa Margarita ne l'a jamais quitté depuis qu'il a recueilli son dernier souffle. Il n'est jamais parti nulle part sans emporter, insérée entre les pages des Évangiles qui l'accompagnent depuis le séminaire, les lettres de sa grand-mère. Elle est restée son personnage préféré dans cette vie. Avec ses lettres, il garde une poésie de Nino Costa qu'il récitait avec elle, et son testament. Elle lui avait confié ces feuillets en 1967, lorsqu'elle avait appris sa vocation, de peur de ne plus être de ce monde quand il prononcerait ses vœux. Il n'a jamais oublié qu'elle lui avait écrit, à moitié en italien et à moitié en espagnol : « Que toi, mon petit enfant, à qui appartient le meilleur de mon cœur, tu aies une vie longue et heureuse, mais si quelque jour de douleur, de maladie et de deuil te laisse inconsolé, rappelle-toi qu'un soupir devant le Tabernacle, où se tient le martyre le plus grand et le plus noble, et un regard vers Marie au pied de la Croix, peuvent faire tomber une goutte de baume sur les blessures les plus profondes et les plus douloureuses. » Son amour pour elle a décuplé celui qu'il éprouve pour Hölderlin, qui avait mis en exergue de son *Hypérion* une phrase de l'épitaphe composée pour Ignace de Loyola : « *Non coerceri a maximo, sed contineri a minimo divinum est* » (« Ne pas être enfermé par le plus grand, mais être contenu par le plus petit, c'est cela qui est divin »). Aussi n'a-t-il jamais manqué de rappeler que le poète allemand avait dédié son œuvre à sa propre grand-mère, pour ses soixante-dix-huit ans. Il récite par cœur la dernière phrase de cette dédicace : « Que l'homme ne trahisse pas ce que t'avait promis l'enfant. »

VII

Il avait beaucoup prié et tout autant réfléchi lors des congrégations générales qui précèdent le conclave. L'onde de choc de la démission de Joseph Ratzinger avait ramené les affaires aux premières loges de l'actualité et avec elles, l'urgence d'une réforme de la curie. Dès le 12 février, les journalistes du monde entier s'étaient précipités à Rome et prenaient d'assaut les lieux où, peut-être, ils pourraient approcher un cardinal ou un évêque dans son secret. Les vaticanistes échafaudaient les listes des papabile, énonçaient les chances des uns et des autres. Il n'existait aucune autre élection au monde au résultat plus incertain, où la passion du jeu et des pronostics se mêlait autant aux analyses politiques. Chacun avançait ses candidats comme des pièces sur un échiquier, sans qu'on sache très bien, d'ailleurs, quel roi il fallait faire mat. Quoi qu'il en fût, nul ne pouvait dire s'il s'agissait de propositions sérieuses, ou d'inventions pour provoquer des réactions, influencer les indécis ou obliger les plus ambitieux à montrer leurs visages. Ces vaticinations avaient toujours agacé le cardinal argentin qui n'avouait aucune affinité avec la curie.

Quand Jean-Paul II l'avait créé cardinal-prêtre lors du consistoire du 21 février 2001, et lui avait laissé entrevoir une carrière au Vatican, il avait blêmi. Il refusait de quitter Buenos Aires. Il se sentirait mourir à Rome.

Pendant ces journées dédiées aux congrégations, il avait écouté avec attention les interventions de ses coreligionnaires et tenté de faire la sourde oreille aux paris et aux prédictions. Mais il n'avait pas pu échapper aux gros titres des journaux qui s'étalaient dans la salle du petit déjeuner de la maison internationale du clergé. On donnait pour certain un vote final entre un Italien et un Brésilien – entre Angelo Scola, l'archevêque de Milan, et Odilo Scherer, l'archevêque de São Paulo. Et bien qu'il eût été mieux placé que quiconque pour savoir que jamais le Sacré Collège n'avait élu un cardinal donné pour favori, il s'était réjoui de constater l'absence de son nom sur la liste des papabile.

Il ne voulait pas être pape ; cependant, il devait remplir son rôle de cardinal et aider à déterminer le profil idéal du futur souverain pontife. Jamais le sort de l'Église n'avait paru plus dépendant de ce choix. Aussi s'était-il concentré sur les préparatifs du conclave. Le 9 mars, trois jours avant son ouverture, on lui avait demandé de prendre la parole. En son âme et conscience, il avait fait part de ses vues sur l'Église et sur le tournant à prendre pour que Rome redevienne, aux yeux des fidèles du monde entier, un phare et une source d'espérance.

Ainsi, pendant plus d'une heure, il avait dressé, à petites touches, le portrait de l'Église telle qu'elle devait être, et celui du prochain pontife tel que l'état de la curie le réclamait. Son discours, prononcé avec force et d'une voix douce, un peu hachée, qui rend son style inimitable, avait impressionné les cardinaux. Au-delà des questions sur Vatileaks, sur l'Institut pour les œuvres de religion, l'IOR, la banque du Vatican, loin des considérations sur les effets du retrait de Benoît XVI, le cardinal argentin avait su prendre de la hauteur et fixer un cap. Tous avaient applaudi, impressionnés par cette parole juste et simple, en fait tout un programme cadre pour la curie du nouveau pontificat : « ... L'Église est appelée à sortir d'elle-même et à aller dans les périphéries, les périphéries géographiques mais également existentielles : là où résident le mystère du péché, la douleur, l'injustice, l'ignorance, là où le religieux, la pensée sont méprisés, là où sont toutes les misères. Quand l'Église ne sort pas pour évangéliser, elle devient autoréférentielle et tombe malade, comme la femme toute courbée repliée sur elle-même dont parle Luc dans l'Évangile. Les maux qui, au fil des temps, frappent les institutions ecclésiastiques sont l'autoréférentialité et une sorte de narcissisme théologique. Dans l'Apocalypse, Jésus dit qu'Il est à la porte, qu'Il frappe à la porte. Bien entendu, le texte se réfère au fait qu'Il frappe à la porte de l'extérieur pour rentrer. Mais je pense aux moments où Jésus frappe de l'intérieur pour qu'on le laisse sortir. L'Église autoréférentielle prétend retenir le Christ à l'intérieur d'elle-même et ne le fait pas sortir. Quand l'Église est une Église autoréférentielle, elle croit involontairement avoir la lumière, une lumière qui lui est propre. Ce n'est plus la certitude de viser le *mysterium lunae*, elle va au contraire vers un mal très grave dont on connaît le nom : “la spiritualité mondaine”, selon Lubac, c'est le pire mal qui puisse arriver à l'Église. L'Église vit pour donner la gloire des uns aux autres. Bref ! Il y a deux images de l'Église : l'Église évangélisatrice qui sème *Dei verbum religiose audiens et fidenter proclamans,* selon ces premiers mots de la constitution dogmatique sur la révélation divine du concile Vatican II, et l'Église mondaine qui vit repliée sur elle-même et pour elle-même. »

Et pour conclure, d'une voix plus douce encore, il avait ajouté : « Cette analyse devrait apporter un éclairage sur les changements et réformes possibles qui doivent être faits pour le salut des âmes. Pensant au prochain pape, il faut un homme qui, de la contemplation et de l'adoration de Jésus-Christ, aide l'Église à sortir d'elle-même vers la périphérie existentielle de l'humanité, pour qu'elle devienne la mère féconde qui vit de la "douce et réconfortante joie d'évangéliser". »

Son portrait, en quelque sorte.

VIII

« La douce et réconfortante joie d'évangéliser. » Elle s'était révélée à lui par une magnifique soirée, le 21 septembre 1953 exactement. Il n'oublierait jamais cette date. Il avait dix-sept ans, et tout l'avenir devant lui. Trois ans auparavant, il était entré à l'École technique n° 12 où il étudiait la chimie alimentaire ; à la sortie des cours, quand il n'allait pas travailler dans la fabrique de chaussettes où son père officiait comme comptable, il retrouvait ses amis du collège dans un vieux café du quartier Flores, sur Avellaneda et Segurola. Ils jouaient au billard, partageaient leurs rires. Ensemble, ils commentaient l'actualité. Jorge, « El Flaco », « le Maigre » comme le décrivait le sobriquet que tout Argentin s'empresse de décerner à ses amis, achetait la revue *Propósitos* où le dramaturge Leónidas Barletta – une figure de la gauche indépendante argentine et de la culture *porteña* – tenait une chronique très prisée par la jeunesse. Il lisait les pages politiques avec assiduité, et parmi elles, celles de *Nuestra Palabra*, une feuille du parti communiste dont il étudiait, sans les suivre, les directives, comme il observait avec circonspection les positions du parti péroniste.

À dix-sept ans, son caractère s'était affermi. L'élève du pensionnat salésien Wilfrid-Baron qui avait gagné, à douze ans, les premiers prix de conduite, de religion et d'Évangile, l'enfant qui s'était, deux années plus tard, offert spontanément comme parrain à deux de ses amis qui n'avaient pas encore fait leur première communion, était devenu un jeune homme long, calme, extrêmement attentif aux autres, qui ne s'enorgueillissait ni de son intelligence ni de ses réussites scolaires. Il aimait l'école, mais tout autant la compagnie de ses camarades qu'il suivait dans leurs parties de ballon du square Herminia-Brumana – alors leur terrain de jeu. L'un de ses voisins et copains d'enfance, Raphaël Musolino, se souvient encore de l'inclination progressive de Jorge pour l'étude. « Avec les années, il a commencé à prendre ses distances. De tous, il était le plus studieux et on le voyait souvent passer, sans s'arrêter pour jouer, un paquet de livres sous le bras. » Studieux, réservé mais jamais solitaire. À ses yeux, la vie, aucune vie, ne se concevait sans la partager dans tout ce qu'elle offrait au quotidien, rien ne pouvait s'entendre ni se faire, privé du regard et de la voix des autres. Il cultivait ce sens de l'amitié propre aux Argentins qui souffrent autant d'une trahison d'ami que d'une trahison amoureuse. Il nous est difficile de comprendre, dans notre vieille Europe confinée où jamais l'espace ne donne le vertige, où la vastitude d'un monde vide et inconnu ne frôle pas nos villes, que l'« autre » est toujours une aventure, un anticorps à la vacuité. Dans cette orgie d'horizon et ces cathédrales de ciels, près de ce fleuve énorme et de ses grèves colossales, la vie la plus humble, le sourire le plus ténu prennent une bouleversante intensité. Et il y a toujours un sourire dans la méfiance. C'est avec ce paysage en tête qu'il faut entendre François avouer au père Spadaro sa touche de ruse et son ingénuité, lors de l'entretien qu'il lui a accordé en septembre 2013. « Je peux peut-être dire que je suis un peu rusé, que je sais évoluer, mais il est vrai aussi que je suis un peu ingénu. » Rusé et ingénu ? Les deux pourraient-ils s'accorder dans un même caractère ? Oui, si l'on applique à ces mots la culture portègne pour expliquer l'ingénuité, et la légende dorée des Évangiles pour la ruse. Lors de la fête de l'Épiphanie, le 6 janvier 2014, François livrerait l'explication sémantique de cette fourberie, qui avait quelque peu interloqué. Il ferait alors l'éloge de la « sainte ruse », cette « rouerie spirituelle qui permet de reconnaître les dangers et de les éviter ». La date de cette mise au point a éclairé la racine de son explication : l'Épiphanie, qui célébrait le voyage des Rois mages, ces hommes qui avaient accepté de suivre une lumière dans le ciel pour trouver la lumière du monde. Or, Gaspard, Melchior et Balthazar n'avaient-ils pas usé de cette sainte ruse quand, « sur la route du retour, ils décidèrent de ne pas passer par le palais ténébreux d'Hérode, mais de prendre un autre chemin. Ainsi, ils enseignent comment ne pas tomber dans les pièges des ténèbres et comment se défendre de l'obscurité qui cherche à envelopper la vie » ?

Il avait acquis, de sa position de fils aîné, une habitude protectrice avec les plus petits et les plus faibles, et il était aussi celui qui organisait et prenait les choses en main quand il le fallait. « Il avait toujours une longueur d'avance sur nous ce qui l'imposait sans effort comme leader », s'est souvenu son ami d'enfance Oscar Crespo. Il parlait peu, mais sans détour, et son sens de l'humour lui valait toujours un large auditoire.

Les dimanches de Flores, tous les adolescents du quartier se retrouvaient chez les uns chez les autres, dont ils envahissaient les maisons en groupes, en *asaltos*, après la messe et le déjeuner dominical, et avant de filer au Gasometro, le vieux stade de foot où s'entraînait son club, le San Lorenzo. « *Pata dura* », piètre joueur, il se contentait de brandir les couleurs de l'équipe, et dans les parties improvisées après les cours, d'arbitrer.

Jorge, qui participait aux actions catholiques de la paroisse, avait même une « fiancée », et c'était elle qu'il avait invitée le soir même, pour qu'elle l'accompagne tout au long de cette journée singulière : en Argentine : la venue du printemps est aussi la fête des étudiants. Alors, le 21 septembre, dès le matin, tout ce que le pays compte de jeunesse envahit les rues, les jardins, les cafés. Dans les parcs, on étale des couvertures sous les arbres en fleurs. On sort le maté, les *bombillas* et le thermos d'eau chaude. Pour les plus aguerris, de la bière Quilmes et, parfois, du vin. On parle, on pique-nique, on file d'un groupe à l'autre, on se souhaite un bon printemps comme une bonne année et le soir, on danse. Ce 21 septembre 1953, Jorge Mario avait donné rendez-vous à la jeune fille dont il était amoureux, ainsi qu'à son groupe d'amis, à la gare avec le projet de finir la soirée au club du quartier, le Chacarita, pour y danser le tango.

Il traversait le *barrio* Flores, où ses parents résidaient depuis leur mariage, et, longeant Rivadavia, passait devant l'église San José quand il fut pris par l'irrésistible besoin d'y entrer. Il en connaissait par cœur chaque recoin et, par leurs noms, ceux qui la fréquentaient, religieux ou laïcs. San José était sa paroisse. Quoique adolescent, il n'avait pas perdu l'habitude de s'y rendre chaque dimanche, pour la messe, ni d'accompagner sa grand-mère dans ses œuvres et ses dévotions. Il poussa la porte de ce temple néobaroque, que surmontait une vaste statue de saint Joseph. L'intérieur, comme toujours, était plongé dans l'obscurité. Il y faisait un peu frais – on sortait à peine de l'hiver. Dans l'ombre, il aperçut un curé qui lui était tout à fait inconnu et qui, de toute évidence, n'appartenait pas à la paroisse. Il le vit traverser la nef et aller s'installer dans le dernier confessionnal, au fond de la travée latérale gauche. Et de nouveau, comme dans la rue, Jorge Mario fut la proie d'un irrépressible élan. « Je ne sais pas du tout ce qui m'est arrivé », s'est-il souvenu, lors d'une série d'entretiens radiophoniques accordés avant son départ pour Rome : « J'ai eu l'impression que quelqu'un me saisissait de l'intérieur et me poussait vers le confessionnal. Et là, je ne sais pas ce qui s'est passé. J'ai parlé, j'ai raconté mes histoires. J'ai ouvert mon cœur sans comprendre ce qui advenait en moi. »

Sa confession à peine achevée, Jorge fut pris d'une sorte de vertige – l'impression qu'il vivait une expérience hors de l'ordinaire et en même temps définitive, qui l'avait comme étourdi. Que faisait-il là au lieu d'attendre son train dans la petite gare urbaine de Flores ? Comment avait-il pu, si spontanément, ouvrir son cœur à ce prêtre inconnu, et parler, parler sans fin comme à un père aimant ? Alors, il avait demandé son nom à son confesseur, d'où il venait, et pourquoi il ne le connaissait pas, lui, pourtant assidu aux activités de l'église. « Je suis de Corrientes, et je vis tout près, dans le foyer sacerdotal. Je viens ici célébrer la messe de temps en temps. »

Et il ne l'avait jamais plus revu. Quelques années plus tard, Jorge Mario avait appris que le père Duarte avait été emporté par une leucémie, peu après l'étrange rencontre. Mais de ce jour, de cette heure, dans l'espace confiné et sombre du confessionnal, il avait su quelle serait sa voie. Il serait prêtre. Il avait acquis cette certitude avec la force d'une révélation. « Quelque chose de plus fort que moi m'a obligée, pour la première fois de ma vie, à me mettre à genoux », avait déjà témoigné Simone Weil lorsque, à Assise, elle avait ressenti l'impérieux désir d'entrer dans la petite église Santa Maria degli Angeli.

Il était ressorti. Il avait retrouvé la rue, son animation, le mouvement dansant des groupes d'étudiants qui s'interpellaient en riant, se préparaient pour leur pique-nique. Le sentiment étrange d'une certitude nouvelle ne l'abandonnait pas. Tout semblait d'un coup différent à ses yeux. « Ce fut la surprise, la stupeur d'une rencontre. J'ai compris qu'on m'attendait. J'avais fait *une expérience religieuse : la stupeur de se trouver devant quelqu'un qui vous attend* », confierait-il, un demi-siècle plus tard, à Rubin et Ambrogetti. « À partir de là, pour moi, Dieu a été celui qui "m'a trouvé en premier". »

« Tu ne me chercherais pas si tu ne m'avais déjà trouvé », avait déjà formulé Blaise Pascal dans ses

Pensées. Ce rendez-vous inattendu, ou plutôt, bien plus inouï, ces retrouvailles, avaient eu lieu le jour de la Saint-Matthieu. Il s'était souvenu de la conversion du publicain. C'était, bien sûr, un signe qu'il ne devait pas ignorer, cette coïncidence de dates. Et il sut en saisir toute la lumière : ce qui venait de décider de sa vocation religieuse, ce n'était pas exactement cette rencontre, mais plutôt la façon miséricordieuse avec laquelle Dieu l'avait interpellé. Il ne savait pas encore que cette miséricorde se transformerait, par l'alchimie secrète de l'âme, en inspiration pour son ministère, ni qu'il trouverait, grâce à elle, la définition même de celui-ci : « Au service de la Miséricorde, et selon une formule qui pourrait être : Écoute, Il t'aime, toi, Il t'a choisi, toi, et la seule chose qu'Il te demande, c'est de te laisser aimer. » Il marchait, dans un état de grande perplexité mêlé de joie et d'un semblant de crainte. La sensation de porter quelque chose d'infiniment fragile, que le moindre heurt pourrait briser à tout jamais, ne le quittait plus. Il était impensable maintenant de rejoindre ses amis. Cette chose qui emplissait son cœur, il voulait la mettre à l'abri dans le tabernacle de la prière. Il ne savait pas trop encore ce qu'il allait en faire. Il ne pouvait ni ne voulait en parler à personne. Il rentra chez lui et se tut.

IX

L'attachement puissant qui le liait à Buenos Aires et à sa population – jusqu'à la plus pauvre – n'expliquait pas toute la réticence du cardinal Bergoglio à l'idée d'être élu pape. Déjà, dans sa carrière ecclésiastique, il avait eu le loisir d'exercer le pouvoir et toujours, paradoxalement, sans jamais l'avoir cherché ni demandé. Il n'avait retiré aucune joie particulière, aucune satisfaction, aucun orgueil de cette direction d'hommes, quand bien même était-il doué d'une autorité naturelle mêlée de charisme. Alors, à la direction de la curie ! Avec ses luttes intestines, sa réputation d'intrigues, d'opacité, de lourdeur administrative, et, plus prosaïquement, avec ces personnalités aussi différentes que pouvaient l'être les représentants des Églises catholiques d'un continent à l'autre, d'un pays à l'autre ! Écouter, comprendre, concilier les attentes de ceux d'Afrique et de ceux d'Allemagne, la culture de ceux de Chine et de ceux d'Espagne et, dans chacun de ces pays, les ultraprogressistes et les ultraconservateurs, les ultraréformistes et les intégristes, tout en préservant dans le sein de l'Église les mouvements charismatiques et les sensibilités les plus marginales. Il y avait aussi les affaires qui venaient d'ébranler l'édifice entier de la curie, qu'avait révélées le scandale de Vatileaks – la communication par Paolo Gabriele, le majordome de Benoît XVI, de documents explosifs sur les dysfonctionnements de la curie. Il y avait la question du sulfureux Institut pour les œuvres de religion, au cœur des scandales financiers.

Il avait été créé en 1942 à la demande expresse de Pie XII, qui redoutait la victoire des communistes et leur prise de pouvoir en Italie. Le souverain pontife avait décidé de doter l'Église d'un instrument financier ouvert au monde entier et présent dans le monde entier. Ainsi, cet organisme bancaire assurerait-il l'indépendance et la liberté d'action que personne, dans les temps troubles de l'après-guerre, ne pouvait garantir. Il y eut donc autour de l'IOR, et dès sa création, ce culte du secret et cette atmosphère de paranoïa propres à la guerre froide. Très vite, les hommes d'affaires véreux et les parrains de la Mafia comprirent les avantages que leur offrirait cette banque, située au cœur même de Rome, dans la tour Nicolas V de la cité du Vatican. Encore fallait-il y posséder un compte. Or, ses statuts précisaient que seuls les membres du clergé ou les employés du Saint-Siège avaient ce privilège. Très vite, ils contournèrent cette première difficulté. N'existait-il pas la tradition des « Gentilshommes de Sa Sainteté » ? Une survivance des serviteurs « d'épée » ou « de cape », répartis en en serviteurs secrets ou serviteurs d'honneur, instaurés au Moyen Âge ? Nées dans les grandes familles nobles des États pontificaux, ces figures du monde séculier étaient adoubées par le pape, dont elles promettaient de servir la personne. Au fil des siècles, les alliances entre familles, fondamentales dans le jeu des élections et dans la protection du Saint-Père, et le recours à ces agents « secrets » finirent par tomber en désuétude. Ils auraient dû disparaître, mais en 1968, Paul VI commua ces « Serviteurs d'épée et d'honneur » en « Gentilshommes de Sa Sainteté ». Dotés d'attributions exclusivement honorifiques – sous les derniers pontificats, leur fonction était cantonnée à l'accueil et l'accompagnement, jusqu'à l'appartement apostolique, des chefs d'État en visite officielle – ils jouissaient du privilège de pouvoir ouvrir un compte à l'IOR. Si l'IOR était la banque la plus secrète du monde – les dépôts ne laissent aucune trace, les intérêts ne tombent jamais au-dessous de 5 %, ils sont exonérés d'impôts et les capitaux voyagent anonymement autour de la planète – les « Gentilshommes de Sa Sainteté » constituaient le club le plus fermé et le plus recherché du monde. Il fallait encore pouvoir y entrer. On imagine le nombre de tractations, de promesses, de collusions, voire de dessous-de-table en nature ou en espèces, que l'inscription au club requérait. Cette porte grande ouverte aux risques d'affairisme et à la mondanité, François déciderait de la fermer définitivement. Désormais, a-t-il annoncé dans un premier temps, à l'automne dernier, il n'y aurait plus d'entrée de nouveaux membres dans cet aréopage. Enfin, à ceux qui avaient eu le privilège d'y être accueillis, François a rappelé, le 10 janvier 2014, lors de l'audience qu'il leur a accordée dans la salle Clémentine, que leur rôle d'accueil des puissances étrangères en visite au Vatican était celui d'une représentation – « celle d'un témoignage de cohérence évangélique », qui ne soit pas « entaché par un comportement mondain ».

En 1971, Paul VI confiait les rênes de l'IOR à l'évêque américain Paul Casimir Marcinkus. Naïveté, désinvolture ou malhonnêteté ? Marcinkus, « ecclésiastique franc-tireur, sans-gêne et brusque, » selon le *New York Times* de 1978, introduisit dans les affaires de la banque vaticane le banquier sicilien Michele Sindona. Ce fut le premier des scandales de l'IOR. Ils ne cesseront plus de s'enchaîner. En 1984, on découvrait les liens de Sindona avec la Cosa Nostra, et l'origine d'une partie des fonds déposés à l'IOR – le trafic d'héroïne organisé par cette mafia. Puis ses liens avec Roberto Calvi, à la tête de la banque Ambrosiano, frauduleusement mise en faillite, membre de la loge P2 et ami de son grand maître, Licio Gelli. Arrêté et condamné, Sindona serait empoisonné au cyanure en 1986, dans la cellule de sa prison. Quant à Roberto Calvi, il serait retrouvé pendu, à Londres, sous le Blackfriars Bridge, en 1987. Marcinkus avait pu échapper aux poursuites judiciaires. Son passeport du Vatican, selon les accords du Latran de 1929, l'affranchissait de toute ingérence de l'État italien. En 1989, Angelo Caloia remplaçait Marcinkus à la direction de l'IOR. On pensait en avoir fini avec les affaires, mais en 1993, les magistrats découvraient qu'un compte écran servait au versement de pots-de-vin – cent huit millions d'euros avaient servi à acheter des politiciens italiens. En 2005, une OPA illégale prenait le contrôle de deux banques italiennes, grâce à des fonds de l'IOR déposés dans une banque suisse. En 2006, on découvrait que Luciano Moggi, le corrupteur des arbitres de football, gardait ses fonds dans un coffre de l'IOR.

En 2009, à la suite d'un nouveau scandale – des fonds publics détournés avaient été déposés à la banque vaticane – Ettore Gotti Tedeschi était nommé par Benoît XVI pour remplacer Angelo Caloia. L'homme, un banquier proche de l'Opus Dei, ami de Benoît XVI, était réputé incorruptible. Mais une fois encore, en 2013, l'IOR fut à l'origine d'un scandale financier. Vincenzo Bonaccorsi, mafieux de Catane, en Sicile, blanchissait trois cent mille euros via un compte du Vatican et Tedeschi lui-même était mis en examen, pour deux virements de vingt-trois millions d'euros chacun, dont il ne pouvait avouer ni l'origine ni le bénéficiaire. Enfin, dans les arcanes du Vatican, on cherchait à comprendre qui avait imposé à Benoît XVI, quatre jours après sa démission et juste avant son départ, la nomination à la tête de l'IOR, dont le siège de direction était de nouveau vacant, du banquier allemand Ernst von Freyberg…

Il y avait aussi, qui ne s'étaient pas calmés, les remous de Vatileaks, ces correspondances entre Benoît XVI et l'archevêque Carlo Maria Viganò, un haut fonctionnaire du Vatican chargé des services administratifs, qu'avait livrées à la presse, en mai 2012, le majordome de Benoît XVI, Paolo Gabriele. Dans ces lettres, l'archevêque Viganò se plaignait au pape d'avoir été muté à Washington, comme nonce apostolique, pour le faire taire. Il avait, en effet, émis de violentes protestations au sujet de corruption entre des prélats et des entrepreneurs et des politiques italiens, et sur des pratiques de népotisme. Par la publication de fax ultraconfidentiels, Paolo Gabriele avait aussi révélé des scandales de pédophilie et enfin l'existence, à la curie, d'un lobby gay.

Comme toujours dans les situations critiques comme l'était celle de l'Église en ce mois de février 2013, les positions se radicalisaient et comme toujours, chacun, par prudence et attentisme, préférait camper sur ses positions plutôt que de s'ouvrir à l'autre. Jamais le dialogue n'avait été plus épineux. Pour beaucoup de cardinaux de la curie, l'avenir était incertain. Que déciderait le nouveau souverain pontife de ceux qui avaient été fidèles à Benoît XVI ? De ceux qui s'étaient démarqués de lui ? Des hommes de Jean-Paul II ? Oserait-il s'attaquer à ce travail d'Hercule – la réforme de la curie –, si énorme et délicat à la fois que ses deux prédécesseurs avaient évité d'y procéder ? Enfin, même s'il avait toujours réduit au strict minimum ses séjours romains, Jorge Bergoglio savait qu'il n'avait pas que des amis au Vatican. Dans son propre pays, l'hostilité que lui vouaient certains membres de la hiérarchie, tel le très conservateur archevêque de La Plata, Mgr Héctor Rubén Aguer, ou Mgr Oscar Sarlinga, évêque de Zárate Campana, était notoire. Il n'était pas un spécialiste des arcanes du Vatican, mais il s'était laissé dire que tous n'approuvaient pas sa pastorale, et que beaucoup s'avouaient circonspects sur ses méthodes. Cette audace d'avoir fait des rues les plus sombres ses nouvelles paroisses où confesser le Christ, la Croix et une pauvreté radicale ; cette « théologie de la pauvreté » qu'il avait instaurée, voilà qui glaçait les sangs de plus d'un prélat.

On prétendait que le puissant cardinal Sodano avait été soulagé qu'il repousse les votes en sa faveur, lors du précédent conclave, tout comme le cardinal Sandri. Les conservateurs le disaient progressiste, et les progressistes le jugeaient trop conservateur. On lui avait assuré que le nonce à Buenos Aires, Mgr Santos Abril y Castelló, à force d'avouer son amitié et son admiration pour l'archevêque d'Argentine, avait été envoyé en Slovénie, et que personne n'avait interprété cette mutation comme une promotion.

À l'intérieur même de son ordre, il était ostracisé. Il n'était plus invité depuis très longtemps à résider, lors de ses passages à Rome, à la maison générale de la Compagnie de Jésus, pourtant à l'ombre du Vatican, au 4 de la via Borgo Santo Spirito. Il n'y était pas bienvenu et l'avait si bien compris qu'il avait choisi de descendre à la maison du clergé, où il avait désormais ses habitudes. Le cardinal Carlo Maria Martini, ancien archevêque de Milan, le jésuite qu'on citait depuis toujours comme un des successeurs probables de Jean-Paul II, avait pris ses distances avec le cardinal de Buenos Aires, et jamais il n'avait ébauché un geste de rapprochement. Cette personnalité jouissait d'une influence incontestée à la curie, où il avait cristallisé les espoirs des catholiques réformistes. Il avait fait valoir qu'il n'était pas candidat au siège pétrinien, lors du conclave de 2005, à cause de la maladie de Parkinson dont il souffrait et qui, finalement, l'emporterait le 31 août 2012. Pour autant, il ne s'était pas désisté des réunions qui précédaient le conclave où se dessinait à petites touches et retouches le portrait-robot du souverain pontife appelé à succéder à Jean-Paul II. Les indiscrétions du cardinal inconnu, publiées dans *Limes*, avaient porté au grand jour l'opposition que Martini avait alors manifestée, lorsque le nom de Jorge Mario Bergoglio avait été prononcé. Il existait entre les deux hommes, tous deux jésuites et cardinaux, tout l'abîme qui sépare, en matière doctrinale, les progressistes des réformistes. Jorge Mario Bergoglio était considéré comme progressiste – il désirait une curie plus collégiale, ouverte sur la réalité du monde. Une Église en marche, capable de sortir d'elle-même, « de sa manière fatiguée et habituée de vivre la foi, de la tentation de s'enfermer dans ses propres schémas qui finissent par fermer l'horizon de l'action créative de Dieu ». Il voulait une Église pauvre, pour les pauvres – « Ah comme je voudrais une Église pauvre et pour les pauvres ! » –, fidèle à la Croix, parce que le « Christ continue d'être, pour l'éternité, le Christ crucifié, aux pieds et aux mains troués, parce qu'Il continue d'être à l'agonie tant que les plus petits des siens continuent d'être bafoués », comme il le rappellerait dans son homélie du matin, dans la chapelle de la maison Sainte-Marthe, le 31 octobre 2013. Il avait alors cité le père Joseph Wresinski. Une Église qui soit à l'écoute des derniers rangs, des marches de l'empire, des périphéries telles que la société de la mondialisation les avait inventées ; une Église attentive à leurs plaintes, à leurs attentes, aux besoins de leurs âmes. Une Église œcuménique – « Il est important d'intensifier le dialogue entre les différentes religions, je pense surtout au dialogue avec l'islam » – et respectueuse des non-croyants.

Carlo Maria Martini était un réformiste, qui avait appelé à un nouveau concile, pour « permettre de défaire certains nœuds disciplinaires et doctrinaux ». Il prônait la participation des laïcs à des « responsabilités ministérielles », une place affirmée des femmes dans l'Église, l'ordination d'hommes mariés, et un assouplissement des positions sur l'avortement et la fécondation in vitro, ainsi que sur les interdits sexuels. Autant de questions sur lesquelles Mgr Bergoglio, quand il s'était prononcé à leur sujet, restait sur les positions traditionnelles de l'Église.

Ce n'était pourtant pas à cause de Carlo Maria Martini qu'une grande partie de la Compagnie avait pris ses distances avec Mgr Bergoglio, ni du fait de ces questions doctrinales que la brouille avec l'archevêque de Milan s'était installée. Elle remontait à bien plus avant dans le temps, lorsque Jorge Mario Bergoglio avait été élu provincial – c'est-à-dire responsable national – des jésuites argentins. Et c'est en Amérique latine qu'elle avait ses racines, dans une époque difficile, et troublée par la conjonction d'événements politiques et religieux – celle des lendemains de Vatican II et de Mai 68, où la révolution sexuelle se conjuguait avec la révolution ecclésiale de la théologie de la libération, où la politique s'était radicalisée dans deux formes extrêmes, les dictatures militaires et les guérillas marxistes. Comme la curie en cette fin de février 2013, la Compagnie de Jésus, en Argentine, était alors confrontée à une crise grave, que compliquaient encore une situation politique houleuse et un désastre économique qui faisait le lit du pire.

Ce fut dans ce marasme qu'à l'âge de trente-six ans à peine, le père Jorge Mario Bergoglio fut nommé supérieur provincial des jésuites. Sa première distinction, son premier chemin de croix.

X

« Comment Bergoglio se débrouille-t-il toujours pour être élu alors qu'il ne fait jamais campagne ? » avait chuchoté, le 15 mai 2007, un ecclésiastique dans l'oreille de son voisin. Les évêques d'Amérique latine venaient, par la voix des urnes, de lui confier la présidence de la conférence du Conseil épiscopal latino-américain (Celam) d'Aparecida. Il n'y avait aucune perfidie dans cette question. Il s'agissait plutôt d'un constat admiratif, précisait Victor Manuel Fernández, recteur de l'Université catholique de Buenos Aires qui avait assisté à la scène. Jorge Mario Bergoglio n'avait jamais cherché à faire carrière. Il appréciait, chez les jésuites qu'il avait choisi de rejoindre, leur renoncement tacite à toute élévation hiérarchique. Mais voilà : contre toute attente, contre tout pronostic, il était celui qu'on distinguait. On commençait d'ailleurs à raconter ses nominations comme autant de phénomènes providentiels. La première annonce à stupéfier les ecclésiastiques fut celle de son élection comme supérieur provincial des jésuites d'Argentine, en remplacement du père Ricardo O'Farrell. On était le 5 août 1973. Le père Jorge Mario Bergoglio n'avait pas trente-six ans et n'avait prononcé ses vœux que quatre ans auparavant. Il devenait le plus jeune provincial de l'histoire de la Compagnie. « Une folie, reconnaîtrait-il bien plus tard, lors d'un entretien accordé à la revue jésuite *Civiltà cattolica*. J'avais à affronter des situations difficiles et j'ai pris mes décisions d'une façon brutale et personnelle. » Une folie, assurément. Le navire dont on lui confiait le commandement était dans un état désastreux et la mer sur laquelle il allait naviguer en grande tempête. Quinze maisons, cent soixante-six prêtres, trente-deux frères et vingt étudiants – tel était le monde sur lequel il devait veiller et qu'il devait guider. Un monde menacé : une décennie à peine plus tôt, prêtres et frères étaient deux fois plus nombreux.

Ces mêmes années, le père Pedro Arrupe s'était inquiété de la situation de la Société en Amérique latine. Médecin et Basque, supérieur général de la Compagnie de Jésus – il le resterait jusqu'en 1981 –, il était entré chez les jésuites en 1927, à l'âge de vingt ans. Il se trouvait au Japon pendant la Seconde Guerre mondiale, et son action héroïque à Hiroshima, le 6 août 1945, l'avait auréolé d'un immense prestige. Sans relâche, il avait aidé, soigné et opéré, sur les lieux mêmes, les blessés et les survivants. Jorge Mario Bergoglio, alors novice, lui avait d'ailleurs écrit pour lui demander de l'envoyer comme missionnaire au Japon. Était-ce le fruit de cette missive ? Arrupe s'était-il souvenu de la requête ? Cinq ans plus tard, il lui avait confié la Compagnie, avec deux missions définies : reprendre la maison en main et préparer son voyage, en Amérique latine, puisqu'il s'apprêtait à visiter ses maisons d'Argentine, mais aussi d'Uruguay, du Brésil et du Chili. Pedro Arrupe avait décidé ce voyage pour lancer une enquête sur les besoins apostoliques des populations et, partant, les réponses que la Compagnie pourrait y apporter.

En vérité, le général n'était pas étranger à la révolution interne qui secouait la Compagnie en Argentine, comme dans toute l'Amérique latine. Ce prêtre vibrant de foi, dont la participation aux travaux de Vatican II avait été fructueuse, avait provoqué une rupture profonde dans la Compagnie, qu'il jugeait trop préoccupée du confort et de l'éducation des riches, et trop proche du pouvoir. Une rupture ? Plus encore, une refondation. Il avait brandi, *Ad majorem Dei gloriam*, les deux nouveaux fers à porter au feu : la promotion de la justice et l'engagement sur le terrain. Doté d'un tempérament passionné, il avait donc, haut et fort, incité ses prêtres à quitter les bibliothèques et les universités pour prendre leur part dans la lutte sociale. Il leur avait demandé de s'investir auprès des plus pauvres et des marginaux qui hurlaient de faim et d'indignation. Il leur répéterait sans relâche, l'année suivante, lors de son voyage : « Nous cesserions d'être de vrais fils de saint Ignace si nous ne mettions pas en œuvre tous nos moyens pour répondre à cette clameur. Par l'évangélisation nous pouvons rendre un service signalé, efficace, mais elle attirera aussi sur nous de grandes oppositions, voire des persécutions, provenant peut-être d'où nous les attendions le moins. »

Ces oppositions s'étaient dressées. Jorge Mario Bergoglio allait être confronté à leurs attaques – le père Arrupe avait vu juste, elles viendraient de toutes parts. De Rome et de la Casa Rosada, de la hiérarchie catholique et de la sphère étatique, de l'intérieur même de la Compagnie, profondément divisée par la théologie de la libération. Fallait-il s'attendre à autre chose ? Les années soixante-dix étaient des années *contestataires* et de remises en question ; ce fut l'essence même de leurs modes de pensée. Quels qu'ils fussent, et quels qu'aient été les modèles qu'ils proposaient, tous reposaient sur le désir, et bientôt sur l'envie, d'affranchissement. Chacun selon ses vues, et sur ce qu'il jugeait le plus contraignant – la religion, l'État, l'économie, les puissances étrangères et parfois, tout ensemble. L'Amérique latine n'échappait pas à cette revendication et ce que son humus avait fait croître jusque-là justifiait pleinement la révolte – une pauvreté généralisée et inacceptable pour ce continent si riche, l'*eldorado.*

Parmi les armes de la libération, le christianisme avait semblé à beaucoup la plus efficace et la mieux adaptée pour éradiquer l'extrême dénuement dans lequel se débattaient plus des trois quarts des Latino-Américains. En 1955, les évêques d'Amérique latine avaient, spontanément, créé un conseil pour réfléchir à cette question, le Celam. Ses conclusions révélèrent au monde chrétien ce dont lui-même venait de prendre conscience : la misère disproportionnée des Sud-Américains. L'écho fut d'autant plus retentissant que les consciences avaient été préparées, dès 1961, par l'encyclique de Jean XXIII *Mater et Magistra.* Le bon pape Jean avait souligné la priorité que l'Église devait accorder aux problèmes matériels des hommes, que ce fût sur le plan social, politique, culturel et moral. Quant à celle de Paul VI, *Populorum Progressio* (1967), qui avait confirmé cette orientation, elle eut d'autant plus de retentissement qu'entre-temps le concile Vatican II s'était réuni.

On mesure mal, en Europe, l'énorme écho que Vatican II eut sur l'histoire et la société de l'Amérique latine. Le concile avait invité « tous les pasteurs des grands territoires socioculturels » de ce continent à se livrer à une réflexion théologique, pour trouver leur mode particulier de dire et de vivre la foi. Le Celam avait répondu à cette proposition avec enthousiasme. Les évêques latino-américains s'étaient donc retrouvés pour une deuxième rencontre en 1968, à Medellín. Cette réunion avait un objet précis : penser « l'Église dans la transformation actuelle de l'Amérique latine, à la lumière de Vatican II ». Ils pensèrent. D'emblée, ils posèrent l'« option pour les pauvres » et décidèrent que le critère précis de l'authenticité évangélique était la lutte contre la pauvreté. Puis, d'une façon pratique, ils cherchèrent les moyens théologiques d'engager l'Église dans « le développement intégral de tout l'homme et de tous les hommes vers une libération ». Ce fut donc une « théologie de la libération » qui fut élaborée, et une théologie qu'ils voulaient engagée dans l'histoire.

La théologie de la libération n'était pas une branche particulière de la théologie, mais une nouvelle façon de faire de la théologie, à partir d'une « option sociale pour les pauvres ». Elle avait ses penseurs : parmi lesquels le dominicain péruvien Gustavo Gutiérrez (l'inventeur du terme), le jésuite uruguayen Juan Luis Segundo, mais aussi le franciscain brésilien Leonardo Boff, ou le laïc argentin Enrique Dussel. Comme outil de réflexion, ils eurent recours aux sciences sociales. Ils se calquèrent sur le marxisme dans sa méthode scientifique : et bien qu'ils aient rejeté et jugé inacceptable le matérialisme athée auquel le marxisme avait abouti, ils se proposèrent, comme lui, de transformer le monde. « Ce monde, dans l'état où il se trouve, ne peut pas être le lieu du royaume de Dieu. Il doit subir une restructuration, dans ses fondements mêmes », écrivit Leonardo Boff en 1971, dans son *Jésus-Christ libérateur.* Ils proposèrent, plutôt que d'adorer et de vouer un culte au Christ, de suivre son exemple, avec d'autant plus de liberté que, selon le Brésilien Leonardo Boff, « Jésus ne s'est pas prêché lui-même ; il n'a pas non plus prêché l'Église, mais le royaume ». Enfin, à « l'amour de préférence pour les pauvres » prôné par Rome, ils répondirent par « le choix partisan pour les pauvres ». Entendez : pour la théologie de la libération, seuls les pauvres étaient véritablement le peuple de Dieu. En conséquence, celle-ci opposait l'Église qui naît du peuple à la chrétienté en place et elle prônait son engagement pastoral dans le processus de libération comme signe du royaume. Quant au Christ, il devenait, en quelque sorte, un libérateur politique. Enfin, parce qu'il était le seul peuple véritable de Dieu, les pauvres seuls pouvaient évangéliser les théologiens. Dès lors, les prêtes devaient se mettre à leur école, s'immerger au milieu d'eux, et dans les communautés ecclésiales de base (CEB), penser à partir d'eux en s'appropriant l'Évangile.

La théologie de la libération connut un succès immense et immédiat dans toute l'Amérique latine. En premier lieu, elle jouait un rôle déterminant dans la promotion des droits de l'homme, totalement ignorés sur ce continent. Enfin, elle articulait une vaste critique de l'injustice et des abus de pouvoir dans laquelle la population opprimée s'était reconnue. Elle offrait, grâce aux structures de l'Église, un cadre parfait pour la rébellion contre ceux qui exploitaient le peuple. Le clergé local l'avait adoptée avec plus de fougue encore : la théologie de la libération lui redonnait un rôle social qu'il avait perdu depuis longtemps.

Le supérieur général des jésuites, le père Pedro Arrupe, avait adopté sans retenue toutes les directives de la théologie de la libération. Il avait demandé aux jésuites de s'engager entièrement dans cette nouvelle voie. D'abandonner la théorie pour la pratique, les livres pour l'apprentissage au milieu des plus pauvres. Et les frères jésuites de tout le continent sud-américain avaient obtempéré. Ils étaient alors partis vivre dans les quartiers les plus pauvres, au plus près des miséreux, fonder les communautés ecclésiastiques de base chères à Gutierrez. Ils leur apprenaient la révolte par l'Évangile ; ils la justifiaient par une interprétation particulière de la Croix : Dieu n'avait pas livré son Fils pour qu'ils se résignent, mais pour qu'ils combattent. Il y avait eu, dès lors, des dérives inévitables. La théologie de la libération avait viré à l'idéologie. La parole à l'acte. Certains avaient cédé aux justifications du terrorisme et fermé les yeux lorsque, autour d'eux, on prenait les armes, on enlevait des personnalités, on procédait à des exécutions, comme au Nicaragua.

L'Argentine, à l'heure ou le père Jorge Mario Bergoglio était nommé supérieur provincial, ne jouissait pas d'un climat plus clément. Les tentatives d'industrialisation avaient échoué, et le pays dérivait vers la dette et la dépression économique. Dans le même temps, la croissance urbaine s'accélérait de façon anarchique et créait des banlieues improbables, abandonnées des pouvoirs publics, dépourvues d'équipements. Les régimes politiques successifs avaient instauré un autoritarisme bureaucratique sous domination militaire qui s'était révélé incapable de faire face. La politique suscitait des troubles, et la situation économique et sociale virait à la catastrophe. Le pays sombrait dans un gouffre.

On avait bien cru à une renaissance, lorsque le général Perón avait annoncé son retour d'exil. Il était effectivement revenu, deux mois plus tôt, en juin 1973. La nouvelle avait provoqué une explosion de joie nationale. Trois à quatre millions de partisans s'étaient précipités à l'aéroport d'Ezeiza depuis les confins du pays, pour accueillir leur homme providentiel, renversé en 1955 par un putsch militaire. Mais l'extrême droite péroniste avait tiré sur la foule, et provoqué une hécatombe dans les rangs de la gauche péroniste – les Montoneros. Celle-ci avait riposté avec une dureté égale. Les fusillades et les affrontements avaient duré toute la nuit, et laissé la ville exsangue et les esprits haineux. De nouveau, le pays était plongé dans la stupeur et l'effroi. On avait escompté, avec le retour de Perón à la présidence de la Nation, celui du calme – un apaisement des tensions au lieu de ce bain de sang. Hélas, s'il avait bien été élu en octobre 1973, avec son épouse Isabel comme vice-présidente, le général Juan Perón avait échoué à restaurer la paix sociale et politique. Quant au péronisme, ce vaste mouvement populaire qui avait donné à l'Argentine son identité, qui avait maintenu une certaine solidarité contre la dictature, il se disloquait en présence de son chef. Chacune de ses tendances attendait de Perón qu'il rallie leur camp, tandis qu'aux deux extrêmes, on en venait aux expéditions punitives et à la répression terroriste. Et puis, loin d'imposer son arbitrage, loin de rétablir l'équilibre et le dialogue dans ce pays que la dictature avait mis à vif, le général Perón avait suivi son extrême droite dans sa haine de l'extrême gauche. Incapable d'aimer *tout* ce peuple qui l'avait autrefois adulé, qui, dès lors, aurait-il pu convaincre de l'aimer à son tour ? « Vaincre n'est pas convaincre et il importe peu de convaincre, avait prévenu Miguel de Unamuno. Or, la haine qui ne cède pas sa place à la compassion est dans l'incapacité de convaincre. »

XI

Jorge Mario Bergoglio avait pris du temps pour répondre à l'appel du Christ, pour « se renoncer ». Longtemps, il avait tu le sentiment merveilleux qui l'avait envahi cette soirée de printemps 1953. Il n'avait confié à personne cette sensation de grâce qui l'avait porté, si fort qu'il avait rompu ses liens amoureux. Mais il avait eu besoin de réfléchir. « Le Christ pose, et Lui seul, un commencement absolu », avait écrit Romano Guardini. Avant de dire le *oui*, qui ne serait qu'une réponse, il lui fallait prononcer le *non* indispensable à ce qui pouvait encore le distraire ou le tenter. Il avait besoin de réflexion et de prières. Alors, pendant deux ans, il avait repris le cours de sa vie. Comme auparavant, il s'était levé à l'aube pour filer au laboratoire Hickethier et Bachmann, à la Recoleta, où, depuis l'âge de treize ans, il travaillait jusqu'à l'heure du déjeuner. Puis il avait rejoint l'École technique de chimie, ses professeurs et ses copains de classe. Le monde autour de lui restait le même. Au laboratoire, Esther Balestrino de Careaga supervisait avec affection son travail et lui enseignait la rigueur à laquelle il s'astreindrait plus tard, lui, le garçon plutôt désordonné et prompt à l'indiscipline. « Elle m'apprenait à être sérieux dans mon travail. Je dois réellement beaucoup à cette femme formidable. » Il confectionnait les dosages, surveillait les éprouvettes et l'écoutait raconter son Paraguay, ses luttes politiques, ses amis communistes. L'après-midi, il étudiait pour obtenir son diplôme de technicien en chimie alimentaire. Puis il avait passé ses examens, avec succès, mais son diplôme ne l'avait pas rendu plus heureux. Un étrange sentiment de solitude le détachait de ce qu'il avait aimé de toutes ses forces jusque-là – les grandes tablées du dimanche, les conversations avec sa mère qu'il aidait à cuisiner depuis qu'une paralysie l'avait handicapée après la naissance de son troisième enfant, les parties de foot, les sorties avec ses camarades, les bals et les milongas qui lui mordaient toujours le cœur. Il avait la sensation sourde et permanente d'être devenu un étranger dans sa propre vie. Était-ce parce que son âme avait deviné qu'il allait faire ce pas irrévocable ? Il vivait en silence cette expérience intérieure inédite et ne pouvait l'exprimer, pas même à sa grand-mère dont il sentait le regard le suivre parfois. II souffrait et n'en comprenait pas la raison. Était-ce le travail souterrain de la conversion à une vie tout autre que ce quotidien si doux, mais qui ne pouvait plus lui suffire ? La peur du consentement à l'appel ? La crainte de ne plus pouvoir s'arrêter jamais aux consolations et aux quelques bonheurs terrestres que la vie lui offrirait ? Il était « plongé dans le monde mais ne se laissait plus emporter par l'esprit du monde », comme il le décrirait à son ami, le rabbin Abraham Skorka, lors de leurs conversations qu'ils avaient commuées en entretiens. Il souhaitait la consécration mais aussi que cette vie, entouré des siens, ne cesse jamais. Dans cette incohérence, dans la lumière grise de cet entre-deux, il se sentait seul, vraiment seul pour la première fois de sa vie.

Malgré la rigueur du catéchisme de sa grand-mère, il lui manquait trop d'éléments pour approfondir son inquiétude et, dès lors, la rendre fructueuse. Il décida d'étudier son propre cas au travers d'autres, bien plus célèbres. La Bible, les Pères de l'Église, des théologiens lui en fourniraient sans doute. Il avait le choix, entre le jeune homme prodigue et Jonas, et matière à méditer. Dans les livres, il puiserait la force qui lui manquait encore pour choisir. Pour s'accorder ce temps de réflexion, il avait annoncé à ses parents qu'il désirait continuer ses études et qu'il avait décidé d'être médecin. Regina, sa mère, l'avait embrassé avec effusion. Médecin ! Son fils allait devenir « quelqu'un » ! Regina avait demandé aux frères et sœurs qu'ils respectent les efforts de leur aîné et calment leurs chahuts. Elle lui avait aménagé le débarras de la terrasse. Il s'y était réfugié et s'était lancé dans la lecture de tout ce qu'il pouvait rapporter de la bibliothèque.

« Et puis, un jour, maman est entrée dans son bureau et elle a vu les livres. Dès que Jorge est revenu à la maison, elle a exigé des explications », raconterait en riant Maria Elena, sa plus jeune sœur, la seule survivante avec Jorge. Lui avait-il menti ? Non. Ce qu'il voulait, c'était bien être médecin, mais « médecin de l'âme ». Pour autant, il n'avait pas encore pris son entière décision. Il attendit donc encore quelques mois avant de s'ouvrir à son père. Celui-ci l'avait aussitôt embrassé, ému et grave. Aurait-il pu réagir autrement ? *Nonna* Rosa, si forte de ses convictions religieuses, avait pétri son fils unique d'amour chrétien. Et il avait défendu la cause de son aîné auprès de sa femme. Regina était effondrée et refusait d'admettre ce choix. Dieu allait-il lui prendre son fils ? Il était son fils, n'est-ce pas ? Elle savait donc mieux que tous ce qui lui convenait, et la prêtrise n'était pas faite pour lui. Elle avait lutté jusqu'au bout. Lorsqu'il était entré au séminaire, elle avait refusé d'aller le voir. Elle ne s'était rendue à sa décision que le jour de son ordination. Alors, à genoux, elle avait demandé qu'il la bénisse. Et *Nonna* Rosa ? Elle avait deviné le lent travail qui s'opérait dans le cœur de son petit-fils, qui était aussi son filleul. Elle avait compris que la tristesse qui parfois voilait son visage, la légère voussure des épaules qu'il accusait lorsque son regard se perdait, la maigreur qui creusait encore davantage ses joues, il ne les devait pas à l'amour mais à une mue intérieure. Chaque jour, chaque minute, le Jorge turbulent et viveur s'absentait, pour laisser celui qui avait été appelé par le Christ se déclarer au grand jour. « Bien, si Dieu t'appelle, béni sois-tu, lui avait-elle dit. Mais je te prie de ne pas oublier que les portes de la maison sont toujours ouvertes et que personne ne te reprochera quoi que ce soit si tu décides de revenir. »

Jorge Mario avait été stupéfait de sa réponse. Sa grand-mère, encore elle, venait de lui donner une nouvelle leçon : la miséricorde. Entière, courageuse, droite, jamais elle n'aurait conçu d'être traître à sa parole. Elle avait l'infidélité en horreur et cela aussi, elle le lui avait transmis. Il avait imaginé qu'elle lui ferait un discours de rigueur et de devoir, de sens de la parole donnée. Un discours définitif, qui l'aurait davantage encore coupé du monde. Au lieu de quoi, elle l'assurait de sa porte ouverte, de son sourire, de son pardon. « Elle m'a donné ma première leçon de foi pour mon futur ministère. Elle m'a appris comment me comporter face à quelqu'un sur le point de faire un pas décisif dans sa vie. » « Je suis le bâton de l'amandier », avait dit Dieu au prophète Jérémie. *Nonna* Rosa, comme le bois de l'amandier, avait été la première à fleurir. Cette floraison avait conforté sa certitude. Il se savait aimé et il savait qu'on lui demandait de se laisser aimer.

Pendant les deux années qui avaient suivi l'annonce à ses parents, Jorge Mario était resté chez eux. Il méditait sur l'engagement qui lui semblait pourtant le seul qui vaille, mais qui, les Évangiles le répétaient, ne tolérait aucune tiédeur. Ses amis ignoraient toujours quels livres il portait quand ils le voyaient passer le long de Rivadavia. Qu'attendait-il ? Que sa vocation se précise ? « La rencontre avec Dieu doit surgir de l'intérieur », professerait-il plus tard. Alors, sans manifester davantage sa conversion, il avait continué à se fondre dans le quotidien de sa famille. Il avait prié, longuement et souvent. Il désirait se recueillir, pour se mettre en présence de Dieu et, aidé par sa parole, « progresser dans ce qu'Il voudrait ». Et puis, il s'était finalement engagé. Il était entré au séminaire de la Villa Devoto. Et s'il avait eu des doutes sur sa capacité à trouver la force d'embrasser son destin, une épouvantable souffrance et, avec elle, la danse de la mort autour de son lit allaient lui apporter une réponse.

XII

Il avait vingt et un ans. Une douleur lui transperçait le dos, à lui couper le souffle. L'infirmière du séminaire de la Villa Devoto, où il venait de s'inscrire, avait appelé un médecin. Le praticien s'était déclaré incapable de poser un diagnostic. Bergoglio avait continué à souffrir, jusqu'à ce que sa température lui fauche les jambes et qu'on décide de l'hospitaliser au Sírio-Libanês. Sa mère était accourue à son chevet, mais n'avait rien su répondre lorsqu'il lui avait demandé, les yeux dévorés par la fièvre, ce qu'il lui arrivait. Enfin, on sut qu'une pneumonie avait incrusté trois kystes dans son poumon droit. Son état était extrêmement grave et la décision fut prise d'opérer. Alors, on pratiqua l'ablation d'une partie du lobe supérieur droit puis, pour prévenir une infection, on lui nettoya la plèvre, chaque matin, en injectant du sérum à l'aide d'une canule qui, préalablement, aspirait les humeurs. Il aurait voulu mourir tant la douleur vrillait son cerveau. Elle l'emportait tout entier dans l'enfer de sa présence. Elle l'envahissait, puis l'écrasait. Il aurait voulu se défenestrer de lui-même pour échapper à la suffocation, trouver un instant de répit. Rien ne le calmait. Il entendait vaguement, dans le vacarme du sang à ses tempes, les paroles de consolation de sa mère, celles de ses amis, tout proches. Sa mère, qui lui tenait la main et répétait « ça va passer, ça va passer » ; ses amis du séminaire, José Bonet Alcon, José Barbich, qui lui avaient donné leur sang après l'intervention chirurgicale et répétaient « demain, tu iras mieux ». Ils étaient là, si proches qu'il sentait leur souffle, et pourtant terriblement lointains. Pourquoi leur compassion ne le soulageait-elle pas ? Pourquoi l'exaspération amplifiait-elle sa souffrance quand tous l'assuraient d'un répit ? Cherchaient-ils à nier la douleur pour s'en protéger ? À nier la mort pour qu'elle ne les affecte pas ? Dans les années qui avaient précédé son entrée au séminaire, il avait connu « la solitude passive », qui ballotte l'âme sans raison. Là, sur ce lit, dans ces odeurs de liquides corporels et de désinfectant, il faisait l'expérience de la solitude « active », celle qui dresse un mur transparent mais infranchissable entre celui qui souffre et ses proches. Il lui était resté, de cette incarnation de la douleur, une immense humilité face à la souffrance et face à la mort.

« Et vous-même, quelle attitude adoptez-vous devant une vie qui s'éteint après une cruelle maladie ? avaient demandé à celui qui était devenu l'archevêque de Buenos Aires les journalistes Francesca Ambrogetti et Sergio Rubin.

– Je fais silence. La seule chose qui me vient à l'esprit, c'est de me taire et, selon le degré de confiance, de prendre la main de la personne. Et de prier pour elle, car la douleur physique et la douleur spirituelle sont intérieures, elles sont en un lieu où nul ne peut pénétrer ; la douleur est habitée par des pans de solitude. Ce dont les gens ont besoin, c'est de savoir que quelqu'un les accompagne, les aime, qu'on respecte leur silence et qu'on prie pour que Dieu entre dans cet espace qui est pure solitude. »

Et c'est ce qu'il a fait, tout au long de son sacerdoce, au chevet de ses prêtres ou à celui d'un membre de leur famille. S'asseoir, tenir la main, prier. *Veiller*. Prier en silence et veiller. C'est à la lumière de cette expérience qu'il faut entendre son exhortation, sans relâche, sa vie durant et jusqu'en cette matinée du 18 octobre 2013 : « Rendez visite aux prêtres et aux religieuses en maison de retraite : ce sont comme des pèlerinages à un "sanctuaire". »

Et puis, un jour, sœur Dolores, qui l'avait préparé pour sa première communion, était entrée dans sa chambre. Il grimaçait de souffrance. Elle l'avait regardé gravement ; elle lui avait pris la main. Elle s'était assise à son chevet et elle lui avait simplement dit : « Tu imites Jésus. » Et ces paroles l'avaient immédiatement calmé. Non que sa souffrance eût disparu. Mais il comprenait désormais comment la comprendre, la surmonter et la transformer. « La douleur n'est pas une vertu en soi, mais la manière dont on l'assume peut être vertueuse. » Il avait compris le sens de la douleur, dans sa plénitude elle aussi, « à travers la douleur de Dieu fait Christ ». « Le Christ n'est pas venu effacer la mort ni la souffrance, il est venu les remplir de sa présence », a écrit Paul Claudel. Plus tard, il découvrirait qu'un écrivain avait raconté ce qu'il venait de vivre au plus fort de sa maladie. Il s'était trouvé un double dans le personnage d'Augustin, héros du roman de Josèphe Malègue, *Augustin ou le Maître est là.* À l'article de la mort, Augustin découvrait la violence providentielle de la souffrance, qui sauve et libère l'homme parce qu'« elle perce une brèche dans sa solitude infernale ».

C'est ainsi que la douleur avait procédé avec lui, dans une sorte de déchirement par où étaient entrées l'éternité et son adhésion à la condition humaine. Jorge Mario Bergoglio, en laissant la présence du Christ le pénétrer par sa souffrance même, était parvenu à dominer ce qui, jusque-là, l'annihilait. Il ne perdrait jamais la certitude qu'il avait puisée dans ce face-à-face avec l'agonie et la mort – quelque chose d'une entrevision du mystère. Il en garderait toute l'humilité dans ses vigiles auprès des souffrants ; il en témoignerait dans ses réflexions – et ses positions doctrinales sur l'euthanasie –, aussi difficile était-ce de le comprendre dans nos sociétés sécularisées, qui refusaient de regarder en face la vieillesse, la maladie et la mort : la souffrance était une part de la dignité humaine. Le 7 décembre 2013, il répétait ce qu'il avait fait profondément sien de la doctrine de l'Église. L'homme est créé à l'image et à la ressemblance de Dieu. L'homme qui souffre souffre à l'image du Christ. « Il s'agit donc d'une dignité originelle de chaque homme et de chaque femme, qui ne peut être supprimée, qui ne peut être soumise à aucun pouvoir ni idéologie. » Il avait mis en garde la culture ambiante qui obligeait à regarder avec un dégoût profond les vieux et plus encore, les vieux malades, ou les personnes atteintes d'un grave handicap. Son discours obligeait à ouvrir les yeux – au nom du mot d'ordre « mourir dans la dignité », on finissait par obliger les jeunes générations à considérer, effectivement, la vieillesse, ou la maladie ou le handicap comme autant d'indignités. Il avait appelé cette culture la « mise au rebut », dont les victimes étaient précisément « les êtres humains et les plus faibles et les plus fragiles ».

« Au contraire, avait-il affirmé, ce samedi 7 décembre 2013, devant la délégation de l'Institut Dignitatis Humanae, si nous nous laissons interroger par cette Parole, "Faisons l'homme à notre image, à notre ressemblance" (Gn 1, 26), si nous la laissons interpeller notre conscience personnelle et sociale, si nous la laissons remettre en question notre façon de penser et d'agir, nos critères, nos priorités et nos choix, alors, les choses peuvent changer. La force de cette parole impose des limites à quiconque veut établir une hégémonie en abusant des droits et de la dignité d'autrui. Dans le même temps, elle donne espérance et réconfort à ceux qui ne sont pas en mesure de se défendre, à ceux qui ne disposent pas de moyens intellectuels et pratiques pour affirmer la valeur de leur souffrance, de leurs droits, de leur vie. »

Comme le disait Léon Bloy : « Il y a des endroits de notre cœur qui n'existent pas encore, et il faut que la souffrance y pénètre pour qu'ils soient. »

XIII

Avant de partir pour la Terre de Feu, Enrique Pozzoli, son directeur spirituel, lui avait conseillé une retraite. Il l'avait envoyé à quelque quatre cents kilomètres au sud de Buenos Aires, à Tandil, où les petites montagnes qui surgissaient brusquement de la pampa le porteraient à mille mètres, une altitude idéale pour ses poumons autant que pour la salutaire distance que réclamait tout ce qu'il venait de vivre. Les salésiens avaient ouvert là-bas une maison de repos, la Villa Don Bosco. Beaucoup d'ecclésiastiques s'y retiraient, pour prier, méditer, se reposer, et trouver, dans la présence d'autres prêtres, la communion d'âmes qui parfois, lorsqu'ils étaient perdus au fin fond du pays, leur manquait.

Jorge Mario Bergoglio était épuisé par son accident de santé, ainsi que par les deux épreuves qu'il avait traversées, peut-être les plus fortes qu'une vie d'homme avait à connaître. La souffrance et l'hypothèse de sa propre mort, mais aussi la tentation de l'amour, le désir qui se cristallise sur un visage de femme, sur sa beauté, et ce quelque chose d'indéfinissable et particulier à un être, qui saisit un autre être et le hante. Jorge Mario Bergoglio a raconté à son ami Abraham Skorka le dilemme qui l'avait bouleversé alors qu'il était séminariste. Il avait fait une rencontre au cours du mariage d'un oncle. « J'ai été ébloui par une fille. J'ai été frappé par sa beauté, sa lumière intellectuelle… et, bon, j'étais mordu. Cela a duré un bon moment. Elle me trottait dans la tête. Pendant la semaine qui a suivi le mariage, au séminaire, j'ai été incapable de prier. » Que faire ? Il était libre puisqu'il n'avait pas prononcé ses vœux. Il lui suffisait de rentrer chez lui, et personne ne lui en voudrait. Sa grand-mère ne lui avait-elle pas assuré que sa porte resterait toujours ouverte ? Il devait réfléchir à son choix. « Et j'ai choisi la voie religieuse, ou plutôt, je me suis laissé choisir par elle. » Quarante ans plus tard, Mgr Bergoglio n'avait pas oublié ce moment de doute et, de nouveau, la solitude dans laquelle il avait été plongé. « Il serait anormal que ça n'arrive pas », jugeait-il avec le recul. Mais il avait aussi gardé en mémoire la leçon de miséricorde de *Nonna* Rosa. « Quand la rencontre a lieu, il faut se repositionner. Se demander si on fait le même choix ou si on se dit : "Non, cette chose que j'éprouve est très belle, je crains de finir par trahir mon engagement, je renonce au séminaire." Et alors, il fallait aussi avoir le courage de renoncer. »

Plus tard, évêque de Buenos Aires, il était resté très proche de ses prêtres, à l'écoute, et il ne les abandonnait jamais quand ils étaient en proie au doute, ou déroutés par un problème qui les dépassait : « On appelait, il répondait. Il écoutait avec une très grande ouverture d'esprit, et on lui parlait dans un total abandon, en se sachant aimés. J'ai eu un moment, comme cela… un moment difficile », se souvient encore Roberto Sosa Gonzalez, un jeune homme de trente-trois ans au visage christique que Jorge Bergoglio a ordonné prêtre le 18 novembre 2006. « Il m'a dit de très belles choses, sur moi aussi, pour me donner confiance. Et il m'a remercié. Il remerciait toujours les autres, et en partant, en guise de salut, il demandait qu'on prie pour lui. » Le père Sosa Gonzalez avait prononcé ses vœux, « convaincu par l'exemple de Jorge Mario Bergoglio. Non pas celui d'un saint ou d'un héros, inaccessible et lointain, mais celui d'un homme qui agissait naturellement dans un esprit évangélique. Austère dans sa vie, et généreux et aimable. Il m'a fait comprendre que faire le bien, témoigner de sa foi, c'était simple. Il fallait simplement agir, et agir *en vérité* avec soi-même et avec les autres ». Et s'il n'était pas tombé lorsqu'il avait trébuché sur les nombreuses pierres qui jonchaient le chemin sacerdotal, c'était, m'avait-il expliqué, grâce à la présence de ce « père » à ses côtés, grâce à son écoute miséricordieuse qui ne s'était jamais interrompue.

« Quand un séminariste vit une chose de ce genre, je l'aide à repartir en paix. Il vaut mieux un bon chrétien qu'un mauvais curé », précisait encore Mgr Bergoglio dans ses entretiens avec Abraham Skorka. Mais les prêtres ? Était-il conscient de la question que la sexualité posait à des hommes qui faisaient vœu de célibat, ou de celle de l'amour faisant irruption dans leur vie ? Il avait répondu avec toute la miséricorde léguée par *Nonna* Rosa, sans perdre de vue la tradition de l'Église qui, selon lui, ne manque ni de poids ni de validité. Au nom de l'Église, il avait annoncé, alors archevêque de Buenos Aires, que, pour l'instant, l'Église maintenait la discipline du célibat, qui n'était jamais qu'une question de discipline justement, et non pas de foi. À Rome, il avait maintenu cette ouverture. Le débat était en cours, même si son cœur penchait en faveur de son maintien, avec ses avantages et ses inconvénients, « parce que, sur dix siècles, on a eu plus d'expériences positives que de défaillances ». Il admettait cependant qu'il avait peut-être tort. Après tout, les prêtres catholiques avaient fait ce choix de façon progressive et jusqu'en l'an 1100 rien n'était imposé. Certains préféraient marcher seul, dans leur vie de prêtre, d'autres convoler. Ce n'était qu'au concile de Trente, tenu au milieu du XVIe siècle, que cette mesure avait été renforcée. Par la suite, tous les papes avaient réaffirmé cette règle, qui ne concernait pas les Églises d'Orient. Dans les Églises orientales, des hommes mariés peuvent devenir prêtres – mais pas évêques – quoiqu'un homme, déjà entré dans les ordres, ne puisse pas se marier.

Ainsi, François avait donné son accord à l'inscription du célibat des prêtres dans les réformes éventuelles à étudier. Et, dès les premiers mois de son pontificat, Mgr Parolin, le secrétaire de la curie, avait en effet reconnu que « l'effort qu'a fait l'Église pour instaurer le célibat des prêtres [devait] être pris en considération. [...] C'est un grand défi pour le pape, qui est à la tête du ministère de l'unité, et toutes les décisions doivent être prises dans le but d'unir l'Église, pas de la diviser. Aussi nous pouvons parler, réfléchir et approfondir ces sujets et songer à des modifications, mais toujours en tenant compte de l'unité, de la volonté de Dieu [...] ou de l'ouverture à l'air du temps ».

Telle était la position de l'Église, qu'il défendait mais qu'il savait tempérer, ouater, modérer dans ses positions personnelles : c'est qu'il restait fidèle au jeune séminariste amoureux qu'il avait été, et qu'il n'oubliait jamais lorsque cette figure du passé surgissait dans l'ombre d'un de ses prêtres. Il avait apaisé celui-ci qui lui avait avoué avoir mis une femme enceinte ; alors, il avait rappelé que le droit naturel précède le droit inhérent à l'état de curé ; il lui avait fait comprendre l'urgence de renoncer à son ministère pour s'occuper de son enfant, et le droit de l'enfant de connaître le visage de son père. Il avait même facilité ses démarches administratives avec Rome... À celui-là qui s'était laissé emporter par le désir, il pardonnait à la condition d'un ressaisissement, d'une pénitence et de l'engagement formel de rester sur la voie de la prêtrise puisqu'il voulait s'y maintenir. Ce que détestait Mgr Bergoglio, c'était la double vie, le mensonge entériné. Il n'économisait pas ses compliments à Fernando Lugo, le président du Paraguay, un prêtre défroqué « honnête dans sa décision ». Cette miséricorde à laquelle il appelait les fidèles, ceux d'Argentine et ceux du monde depuis qu'il était pape, il l'avait manifestée au risque du scandale en 2000. Alors, archevêque de Buenos Aires, prélat en vue, il s'était rendu au chevet de Jerónimo Podestá qui mourait seul, dans le plus terrible dénuement.

Jerónimo Podestá ? C'était l'archevêque d'Avellaneda, et le nom d'un des plus retentissants scandales de la curie argentine. En 1971, envoyé par Rome pour mettre fin aux dérives marxistes de son prédécesseur, Podestá avait abandonné l'Église pour épouser sa secrétaire, Clelia Luro, une divorcée, mère de six enfants. « Contaminé par la théologie de la libération », il avait été montré du doigt, traité de « bolchevique du Tabernacle », au prétexte que l'aile gauche des catholiques sud-américains luttait pour l'abolition du célibat des prêtres. Revenu à la vie laïque, Podestá avait connu une terrible solitude. Un mois avant sa mort, il avait demandé à sa femme d'appeler l'archevêque de Buenos Aires et Clelia, dans un premier mouvement, avait refusé. L'épiscopat précédent n'avait-il pas décliné sa demande d'audience ? Mais Podestá avait insisté. La réputation de bonté et d'intelligence de Bergoglio avait débordé Buenos Aires. « Il est venu, et ils ont parlé des heures, a reconnu Clelia Luro. À l'issue de ce tête-à-tête, mon mari avait enfin retrouvé la paix de l'âme. Il était heureux. » Lorsque Jerónimo Podestá était entré en agonie, Clelia avait rappelé Bergoglio. Il avait quitté précipitamment une réunion de travail pour courir à son chevet. Il avait administré à l'ancien évêque l'extrême-onction, puis il lui avait pris la main, en silence, et ne l'avait plus lâchée jusqu'à la fin. « Personne ne peut comprendre ce qu'a signifié pour Jerónimo la présence de Mgr Bergoglio pendant qu'il quittait cette vie. »

Ainsi, dans les montagnes de Tandil, Jorge Mario apprenait à respirer avec la moitié d'un poumon en moins ; il pesait, dans ses méditations, le poids de ses deux expériences et le ton qu'il convenait désormais de donner à sa vocation. Il s'était « laissé choisir par la vie religieuse », mais il ne pouvait laisser les événements décider de la forme que son ministère prendrait. Son éducation, l'entourage de la Villa Don Bosco, la foi de son directeur spirituel Enrique Pozzoli, l'exemple de sa grand-mère le poussaient vers la congrégation des salésiens. Par ailleurs, il était attiré par les dominicains. Certains de ses amis, dont il appréciait la culture, la forme d'esprit, appartenaient à cet ordre. Mais cette perspective le laissait insatisfait. Il désirait *quelque chose de plus*. Ce dont il était sûr, c'était sa répugnance naturelle pour l'ascèse. La solitude d'un père de Foucauld au fin fond d'un désert, il ne l'envisageait pas pour lui. Il avait horreur d'être seul. Non qu'il fût incapable de passer de longues heures en silence, sans autre présence que celle du Christ – il aimait par tout-dessus, le soir, l'Adoration de l'Eucharistie, ces heures de profonde douceur, de recueillement si intense qu'il lui arrivait de s'assoupir. Mais il avait besoin de donner, de remplir les espaces entre les êtres, d'ébaucher des gestes fructueux – caresser la tête d'un enfant, bénir, sourire, partager le maté avec des retraités, entamer une conversation avec un adolescent rebelle au fin fond d'une *villa miseria*. Il avait besoin de leurs réponses. Il était sur le seuil des longues études que réclamait la formation d'un prêtre, et s'il n'avait pas encore travaillé les textes des théologiens avec lesquels il se sentirait le plus en affinité – Henri de Lubac, Romano Guardini, Urs von Balthasar –, il savait déjà, avec l'intuition de sa foi, que pour lui le nécessaire dépouillement spirituel, le renoncement aux sens ne vaudraient rien sans le plein de la charité et de la miséricorde. Il avait alors songé aux jésuites. Ils dirigeaient le séminaire de la Villa Devoto et il appréciait chez eux ce qui corrigeait ses propres défauts. La discipline, leur manière d'ordonner le temps, et surtout, le mode de vie qu'ils proposaient : la communauté. Ce besoin fondamental ne le quitterait jamais tout au long de son ministère. Il dicterait son choix, quand il serait élu pape, de résider à la maison Sainte-Marthe au lieu de déménager dans les appartements pontificaux. François avait donné une formule imagée au père jésuite Antonio Spadaro, à qui il avait accordé une longue série d'entretiens. La résidence pontificale, qu'avait fait restaurer Benoît XVI avec beaucoup de goût, lui avait donné l'impression d'un entonnoir. « Grand et spacieux, certes, mais doté d'une entrée étroite. On y entre au compte-gouttes et moi, sans les personnes, non, je ne peux vivre. J'ai besoin de vivre ma vie avec les autres. » Enfin, il existait une subtilité dans la traduction de la devise des jésuites *Ad majorem Dei gloriam* qui ne signifiait pas « Pour la plus grande gloire de Dieu », mais « Pour une gloire de Dieu plus grande ». Aux oreilles de Jorge Mario Bergoglio, ce pas de plus, le mouvement vers l'avenir qu'induisait ce comparatif, traduisait l'ambition missionnaire de cette Société, qui par ailleurs, boudait les honneurs. Voilà qui le séduisait – une formation intellectuelle très poussée, des exercices spirituels nourrissants, l'exigence d'un zèle apostolique sans faille, tout cela pour rester au plus près des plus lointains enfants de Dieu, et au plus près du pape. Saint Ignace n'avait-il pas rappelé à ses amis, dans une lettre qu'il leur avait écrite le 6 août 1547 : « Le pauvre est si grand devant Dieu que Jésus-Christ a été envoyé sur terre spécialement pour eux » ?

C'était dit. Il serait jésuite.

XIV

« Une foi authentique implique toujours un désir profond de changer le monde. Avons-nous, nous aussi, de grandes visions et un grand élan ? Sommes-nous, nous aussi, audacieux ? Avons-nous de grands rêves ? Le zèle nous dévore-t-il ? » a demandé le pape François, le 3 janvier 2014, fête du Saint Nom de Jésus. Il célébrait alors une messe d'action de grâces pour la canonisation du premier prêtre jésuite, le Français Pierre Favre, bien évidemment en l'église du Gesù à Rome. Elle était d'ailleurs très récente, cette canonisation. Elle avait eu lieu deux semaines auparavant, au soir du mardi 17 décembre. François s'était fait ce cadeau pour son anniversaire. Soixante-dix-sept ans pour lui, l'éternité du Paradis pour son modèle jésuite préféré, Pierre Favre, l'ami sans faille du Seigneur et d'Ignace de Loyola, le fondateur de la Compagnie, que le pape Pie IX avait béatifié en 1872. Ce saint à l'auréole toute fraîche, il l'aimait pour son allant, toujours à la rencontre du prochain, quel qu'il fût, ami ou ennemi – à l'époque, il fallait entendre catholique ou protestant. Il l'aimait depuis toujours. N'avait-il pas chargé deux jésuites, Miguel

Fiorito et Jaime Amadeo, de l'édition en espagnol du *Mémorial,* le journal spirituel de Pierre Favre, alors que lui-même était supérieur provincial de la Compagnie ?

Au jeu du portrait chinois, si Jorge Mario Bergoglio devait être un saint, ce serait sans conteste celui-là. Son double même, et quiconque chercherait à poser les touches manquantes au tableau du Saint-Père pourrait les emprunter à Pierre Favre. Un berger « qui sentait ses brebis », parti pour Paris et le collège Sainte-Barbe, étudier la théologie. Discipliné et spontanément fidèle au souverain pontife – il attendra que le pape Paul III ait approuvé la constitution de la *Societas Jesu* – Pierre Favre s'était élancé sur les routes de l'Europe entière prêcher le renouvellement spirituel du catholicisme, les *Exercices spirituels* à la main et sa piété simple au cœur. Mais aussi avec toute sa personne, pétrie d'une certaine ingénuité, d'une immédiate et totale disponibilité. Et François d'ajouter : « Son discernement intérieur attentif, le fait d'être un homme de grandes et fortes décisions, capable en même temps d'être si doux. » Dans ses lettres à Ignace, Favre ne cessait pas de se désoler de l'immoralité des religieux, de leur mépris pour leurs ouailles et de leur ignorance profonde des textes sacrés. Il aurait pu écrire, dans l'une de ses missives : « Je vois avec clarté que la chose dont a le plus besoin l'Église aujourd'hui c'est la capacité de soigner les blessures et de réchauffer le cœur des fidèles, la proximité, la convivialité. Je vois l'Église comme un hôpital de campagne après une bataille. Il est inutile de demander à un blessé grave s'il a du cholestérol et un taux de sucre trop élevé ! Nous devons soigner les blessures. Ensuite nous pourrons parler de tout le reste. Soigner les blessures, soigner les blessures... Et il faut commencer par le bas. » Mais cette exhortation, c'est François qui l'avait prononcée, cinq siècles plus tard, dans le même souci de renouvellement spirituel, par la base et à la base. Et c'est dans cet esprit que le 11 mars 1958, il était entré comme novice dans la Compagnie de Jésus, et avait entamé la longue préparation qui l'autoriserait à prononcer ses trois vœux, pauvreté, chasteté et obéissance, et ce quatrième vœu propre à la Compagnie de Jésus – celui d'obéissance absolue au pape.

XV

Jésuite ! Existe-t-il un ordre religieux qui a généré plus de légendes, de craintes, de rumeurs ? Un ordre dont on répète à mi-voix que son supérieur général est appelé le pape noir ? Une figure religieuse plus soupçonnée de complots et de machinations ? Tant et si bien que ses membres – les ignaciens, les jèses, les hommes noirs – ont même développé un humour bien à eux, qui se moque des procès qu'on leur a intentés. Ils ont formulé une batterie d'histoires dont, bien sûr, ils sont les premiers à rire. Leur casuistique ? « Un jésuite fraîchement débarqué à Rome rencontre un dominicain et lui demande le chemin de la basilique Saint-Pierre. "Je ne sais pas si vous allez trouvez, mon père, c'est tout droit." » Leur sens pratique ? « Quatre moines consacrent une soirée à parler de théologie. L'électricité tombe en panne. Le franciscain s'agenouille et demande la lumière au Seigneur. Le bénédictin récite son bréviaire, persuadé que le Seigneur lui fera grâce. Le dominicain se lance dans une rhétorique sur l'obscurité de ce monde. D'un seul coup, la lumière revient : le jésuite était allé changer les plombs. » Leur immense érudition ?

« Un capucin, après avoir écouté deux jésuites discourir pendant des heures sur la grâce et la liberté, leur demande : “Dites-moi, vous qui êtes si érudits, éclairez-moi : Quelles furent les premières paroles de l'Enfant Jésus, quand il ouvrit les yeux ?” Incapables de répondre après une semaine de recherches, les deux jésuites avouent leur ignorance. “Oh ! répond le capucin, je m'en souviens maintenant, quand Notre Seigneur a ouvert les yeux, il a vu l'âne et le bœuf penchés sur lui, et il a dit : ‘Voilà donc la Compagnie de Jésus !’”. »

Cet humour, qui est aussi devenu sa marque, Jorge Mario Bergoglio en a toujours été très friand. À son ami le rabbin Abraham Skorka, il s'est amusé à raconter cette histoire qu'il faut, comme toutes les autres, prendre au troisième degré : « Un juif ne sait plus que faire de son cancre de fils, qui s'est fait renvoyer de toutes les écoles. On lui a vanté l'éducation jésuite. À bout de ressources, le juif inscrit son fils. À sa grande surprise, celui-ci obtient d'excellentes notes. Au bout de trois mois, le père du garçon s'étonne de ses résultats auprès du père supérieur. “C'est simple, lui confie le directeur. Le premier jour, à sa première incartade, je l'ai pris par l'oreille, je l'ai emmené dans mon bureau et je lui ai montré le crucifix puis je lui ai dit : Tu vois ce que nous faisons des juifs désobéissants ?” » On raconte d'ailleurs que lors du dernier conclave, à peine le nom de Mgr Bergoglio prononcé, les cardinaux jésuites suggéraient que le pape prenne le nom de Clément XV. Une plaisanterie pour initiés : Clément XIV était le souverain pontife qui avait supprimé la Compagnie de Jésus, le 15 juillet 1576...

Jésuite en Amérique latine, c'était aussi épouser une histoire, une ambition, embrasser un parti pris : œuvrer à la fois avec l'Église et dans l'Église, s'ouvrir à la culture moderne et acculturer l'Évangile. L'un de leurs pionniers, José de Anchieta, « l'apôtre du Brésil », avait rédigé la première grammaire et le premier catéchisme en guarani. Partis du Pérou, les premiers jésuites étaient arrivés en Argentine en 1585. Vingt ans plus tard, ils fondaient la province du Paraguay, dont dépendait l'Argentine. Ils travaillaient à une mission précise : faire que les Espagnols s'intègrent au pays et les indigènes à la présence des Espagnols par la grâce de l'Évangile. En 1613, ils créaient à Córdoba, en Argentine, la première université de l'époque coloniale ; et pour les Indiens Guaranis, les *reducciones*, villages où ils vivaient sur un mode communautaire et qui les sédentarisaient. La *société* des Guaranis – seize communautés en Argentine, huit au Paraguay, sept au Brésil et une en Uruguay – frayait avec la société créole. Pendant un siècle, sous l'impulsion des jésuites, l'Amérique latine avait vu fleurir une peinture, une sculpture et une musique élaborées par ces deux populations. Mais parce que les jésuites s'opposèrent à l'esclavage des Guaranis, les puissants colons espagnols, dès lors incapables d'exploiter leurs terres nouvelles, obtinrent, en 1767, de leur roi Charles III qu'il expulse tous les jésuites de son empire, et du pape Clément XIV qu'il supprime la Compagnie en 1773. Elle avait été rétablie en 1814 par le pape Pie VII et dès lors, les jésuites avaient pu retourner en Argentine. C'était le temps du dictateur Juan Manuel de Rosas, et d'un gouvernement si imprévisible qu'ils avaient dû, plusieurs fois, quitter le territoire argentin. Ils avaient été victimes des persécutions que leur avait fait subir l'État, jaloux de leurs œuvres et de leur influence. Les libéraux souhaitaient la disparition des catholiques et en 1875, à Buenos Aires, on avait brûlé leur collège du Sauveur. Dès le début du XXe siècle, ils s'étaient singularisés en se consacrant à l'éducation et à l'évangélisation du peuple – leurs missions populaires – sans renoncer à leurs recherches scientifiques – ils avaient fondé l'Université catholique de Buenos Aires, ouverte sur l'économie et les questions financières. Et depuis l'origine, la Compagnie avait formé la grande majorité des clercs de l'Église argentine.

Sans doute aussi avait-il aimé, chez les jésuites, qu'ils aient été les premiers à refléter, dans leur pastorale, les particularités de ce tiers-monde catholique qu'est l'Amérique latine, et qu'ils aient incité toute l'Église latino-américaine à passer du christianisme, tout d'abord conquérant, puis colonial et avide de pouvoir, au christianisme libérateur qui fit de l'« option pour les pauvres » l'impératif éthique. Ce catholicisme qui a récupéré la force prophétique de Jésus de Nazareth et des missionnaires, tels le Portugais Manoel Ortega, le Catalan Juan Salons et l'Irlandais Thomas Fields avec beaucoup d'autres, qui tous avaient défendu la dignité et les droits des indigènes et, quatre siècles plus tard, le dialogue interculturel et interreligieux. C'était, en Amérique latine, en grande partie grâce aux jésuites que l'Église des pauvres s'était faite réalité, et de manière exemplaire. En cela, elle avait suivi l'orientation prônée par Jean XXIII : « L'Église du Christ est l'Église de tous, mais dans les pays sous-développés, elle est l'Église des pauvres. »

L'existence du quatrième vœu que prononcent les jésuites – l'obéissance absolue à la personne du pape – écartait, pour les membres de la Compagnie, l'ambition d'une carrière ecclésiastique et d'une accession au siège de saint Pierre. Ce renoncement, d'emblée, avait séduit Jorge Mario Bergoglio qui avait les privilèges et les honneurs en horreur. Il n'avait jamais oublié l'admiration qui l'avait saisi, enfant, dans la maison de son grand-père maternel, qui était charpentier. Chaque semaine, celui-ci recevait la visite d'un grand barbu, souriant et affable, qui venait lui vendre ses clous. Après sa livraison, don Elpidio, c'était son nom, s'asseyait toujours un instant pour bavarder, tandis qu'on lui servait un thé au vin. Un jour, sa grand-mère lui avait demandé s'il savait qui était cet homme, si simple, qui colportait sa marchandise d'un atelier à l'autre, et elle le lui avait dit. Alors, Jorge Mario avait été sidéré d'apprendre que don Elpidio n'était autre que Elpidio González, vice-président de la Nation argentine pendant les six ans qu'avait duré le mandat de Marcelo T. de Alvear… Toute son enfance, toute son adolescence, il avait gardé, gravée dans sa conscience, cette image parfaite de l'honnêteté – un homme avait accédé aux plus grands honneurs, aux plus hautes fonctions, et lorsqu'il eut accompli son mandat, il est reparti chez lui, les poches vides, travailler comme n'importe qui. Il avait aussi été frappé par ce dialogue, lu dans l'un de ses romans préférés, *Augustin ou le Maître est là,* du Français Joseph Malègue, qui mettait face à face deux amis, le premier, diplômé de l'École normale supérieure, et le second, qui était devenu jésuite et expliquait ce qui l'avait attiré dans la Compagnie :

« Une totale absence d'attraits sensibles, aucun appât, aucune pente, aucun motif humain. Il a bien fallu comprendre que c'était ce dépouillement d'attraits sensibles que Dieu voulait de moi. »

Bergoglio avait retenu la leçon, et l'exemple. « Rester simple », « garder la tête froide », ces injonctions avaient forgé sa devise. « Rien ne l'agace plus que les gens qui se prennent au sérieux, m'a raconté le père José San Martin, vicaire de la cathédrale de Buenos Aires, ou ceux qui exigent des passe-droits parce qu'ils s'estiment plus importants que les autres. Ceux qui bousculent leurs voisins pour récupérer leur valise "prioritaire" sur les tapis roulants des aéroports. Un jour, il m'a convoqué à l'archevêché pour me féliciter de mon travail de confesseur. Les fidèles, m'a-t-il dit, étaient contents de mon écoute et de mes réponses. "Je te le répète, mais ne va pas prendre la grosse tête !" a-t-il ajouté aussitôt, pour me prémunir contre ce défaut qu'il redoutait – être très content de soi. » Lui-même n'y avait pas toujours échappé. Il se rappelait toujours avec une honte immense le temps où il s'était occupé du diocèse de Buenos Aires, pendant un voyage de l'archevêque en titre, le cardinal Antonio Quarracino. Il avait pris son rôle de vicaire général très au sérieux. Problèmes de la curie le matin, et l'après-midi, conduite d'exercices spirituels destinés à des religieuses. « Je me disais : "Qu'est-ce que je suis bon, qu'est-ce que je suis grand, que de choses je peux faire !" » avoue-t-il encore en riant de lui. Et ainsi, un après-midi, il avait abandonné à son sort un jeune homme, l'air hagard, qui lui demandait de se confesser. Mais il avait un train à prendre, n'est-ce pas, pour aller à son rendez-vous. Un prêtre serait là dans quelques heures, il suffisait au jeune homme d'attendre. Et puis, sur le chemin de la gare, le remords et la honte l'avaient submergé. Comment avait-il pu oublier sa mission ? Son devoir de miséricorde ? Son aide dans la détresse ? Il était revenu sur ses pas et s'était occupé du garçon. « Et lorsque je suis revenu à la gare, j'ai découvert que mon train avait du retard... » Le lendemain, il était allé, à son tour, se confesser.

Il y avait autre chose qui avait séduit Jorge Bergoglio chez les jésuites. C'était l'enseignement de saint Ignace, le fondateur de la Compagnie de Jésus, qui voulait que les grands principes aient à être incarnés en fonction des circonstances de lieu et de temps, ainsi que de personnes. «Jean XXIII, à sa manière, gouvernait avec une telle disposition intérieure. Il aimait à répéter la maxime : *Omnia videre, multa dissimulare, pauca corrigere* ("Tout voir, passer sur beaucoup de choses, n'en corriger que peu"). Parce que, en voyant *omnia,* tout, l'horizon le plus vaste, il choisissait d'agir sur *pauca,* sur une dimension minime. On peut avoir de grands projets et les réaliser en agissant sur peu de petites choses. Ou on peut utiliser de faibles moyens qui se révèlent plus efficaces que des plus forts, comme le dit aussi saint Paul dans la Première Lettre aux Corinthiens », expliquerait d'ailleurs le pape François au père jésuite Antonio Spadaro. Lors de ces entretiens, il louerait aussi ce *discernement,* proposé et encouragé par les *Exercices spirituels,* et dont il avait fait son outil de travail et sa règle mystique. Beaucoup d'attention, une grande écoute aux signes, le temps de la réflexion. « Le discernement dans le Seigneur me guide dans ma manière de gouverner. »

Elle serait fondée sur la patience et l'analyse, l'ouverture aux autres et l'étude de l'événement. « Je me méfie des décisions prises de façon improvisée, de la première décision, qui est souvent la mauvaise décision. » Mais ce qui l'avait convaincu, c'était l'obligation pour un jésuite de toujours mettre le Christ au centre, et partant, de rester contemplatif au cœur même de l'action, et de vivre une proximité avec l'Église entendue comme le peuple de Dieu. « Cela requiert beaucoup d'humilité, de sacrifice, de courage, spécialement quand on vit des incompréhensions ou que l'on est objet d'équivoques et de calomnies. »

XVI

Les calomnies, l'incompréhension, il les avait connues alors qu'il était supérieur provincial. « Depuis tout jeune, la vie m'a amené à exercer des fonctions où il fallait diriger – dès que j'ai été ordonné prêtre, j'ai été nommé maître de novices et deux ans et demi plus tard, provincial – et j'ai dû apprendre sur le tas, partant de mes erreurs parce que, je peux le dire, j'ai commis des tas d'erreurs. Des erreurs et des péchés. » Il se savait en partie responsable de l'atmosphère houleuse qui avait régné pendant les six ans de sa gouvernance. Il imputait l'hostilité qui l'avait très vite entouré, de la part de beaucoup de prêtres, à sa jeunesse, sa brusquerie, pour ne pas dire la brutalité de ses décisions. Et il avait très vite perdu cette euphorie à se sentir bien au milieu d'un groupe, à lui donner le tempo de la joie, comme il l'avait imprimé aux élèves dont il avait eu la charge auparavant.

Selon le cursus des jésuites, à la fin de son noviciat, en 1965, Jorge Mario était entré au collège de l'Immaculée-Conception, à Santa Fe, pour y enseigner la littérature et la psychologie pendant deux ans. Il avait composé, pour intéresser ses élèves, un cocktail subtil de simplicité, de proximité et de grande exigence. Il avait été heureux là-bas : il abordait chaque journée avec un sourire tel que ses élèves lui avaient attribué le sobriquet de « *Carucha* », « Bonne bouille ». « *Carucha* » avait fait la conquête des adolescents en maniant l'humour et en transmettant la passion que la littérature pouvait susciter à cet âge. Le grand amoureux de Buenos Aires et de l'âme argentine avait trouvé à exalter ce sentiment dans les œuvres nées sur cette terre, dans cette ville. Après une année consacrée à l'étude des classiques, Cervantes, Góngora, Quevedo, Sor Juana Inés de la Cruz, il avait initié ses élèves à la beauté de leur culture au travers du *Martín Fierro*, une épopée gaucho, et des poésies de Lugones, qui disent l'essence de ces êtres fondus dans ce bout du monde où les paysages portent toujours l'empreinte de la Genèse. Il leur avait demandé d'entendre entre les lignes l'écho de ces vastes espaces qui les cernaient, d'admirer la liturgie quotidienne des paysans de la pampa ou de la cordillère. Il leur avait fait découvrir les stances d'Evaristo Carriego, le poète des pauvres, du tango et des mauvais garçons. Par la littérature, il leur avait enseigné la force que donne le refus de posséder les objets du monde, pour mieux percevoir leur beauté dans les liens qu'ils créent entre l'homme et l'univers, l'âme et Dieu.

Et ce monde des lettres qui leur semblait si lointain, il l'avait invité à venir à eux. Il l'avait incarné dans leurs esprits, en la personne de Jorge Luis Borges, pape de la pensée et de la littérature argentines. Bergoglio appréciait l'immense érudition de l'auteur de l'*Aleph*, son humour caustique, l'intelligence prodigieuse de ses vues et la courageuse résistance au totalitarisme qu'il avait incarnée, dès 1946, lors de l'accession au pouvoir de Perón : « Les dictatures fomentent l'oppression, les dictatures fomentent la servilité, les dictatures fomentent la cruauté ; encore plus abominable est le fait qu'elles fomentent la stupidité. » À Buenos Aires, il avait suivi ses cours en auditeur libre, puis il avait noué avec lui une relation amicale. Il avait été conquis par la franchise du poète « qui parlait de tout sans s'esquiver » et par « son art de remettre les choses à leur place », un exemple qu'il saurait suivre. « Je suis très intimidé d'être au milieu d'académiciens », avait dit Borges, lorsqu'il s'était présenté devant les élèves de « l'académie de littérature » du collège, dont Bergoglio était le sous-directeur. Ils avaient ri, séduits, et un peu abasourdis que leur jeune professeur, maigre et dégingandé, avec sa *carucha* de petit garçon, ait obtenu de l'immense Borges qu'il leur accorde son temps, et son attention. L'initiative avait été fructueuse au-delà des plus vastes espérances : Borges avait accepté de lire et de préfacer les huit meilleures des nouvelles que les élèves de l'académie de littérature avaient confiées à leur professeur, au terme d'un concours. Et Bergoglio s'était battu pour qu'elles soient publiées. Elles le furent, sous le titre de *Nouvelles originales.* D'autres écrivains acceptèrent l'invitation de Bergoglio et vinrent au collège de l'Immaculée-Conception dialoguer avec les étudiants. Ainsi, il avait prouvé à « ses » adolescents que rien n'est inaccessible à qui travaille pour l'obtenir, ni impossible dès que les obstacles mondains, le cérémonial, les conventions inutiles sont balayés. Il reste alors, dans la lumineuse simplicité, la vérité d'une rencontre face à face – ce qu'il y a de plus fructueux pour que la parole soit entendue.

Cette même année, le supérieur général avait visité le collège jésuite de l'Immaculée-Conception. Le père Arrupe avait assisté aux cours qui étaient professés ; il avait admiré l'autorité naturelle du jeune Bergoglio et sa simplicité. La rigueur de sa pédagogie et sa popularité. Et il ne faisait nul doute que cette impression l'avait influencé dans son choix du supérieur provincial. Ce bon souvenir avait été ravivé par la lettre que lui avait adressée, par la suite, Jorge Mario Bergoglio, pour lui demander une mission au Japon, terre mythique de la pastorale jésuite. L'élan pastoral qu'il manifestait avait conquis le père Arrupe ; hélas, sa condition physique – un demi-poumon en moins – l'avait dissuadé d'y donner suite. Il n'empêche. Son nom était resté dans un coin de la mémoire du général qui avait été sensible à l'attention portée à la culture locale, voire au folklore, à l'éducation de l'œil ouvert sur toutes les formes d'expression populaires que divulguait Bergoglio à ses élèves. N'était-ce pas l'essence substantielle de l'enseignement de saint Ignace ? Aussi, lorsque le père Luis Escribano, qu'il avait choisi pour être le prochain supérieur provincial, s'était tué dans un accident de voiture, sur la route de Córdoba, c'est à Jorge Mario que le père Arrupe avait immédiatement pensé pour prendre sa place.

XVII

Jorge Mario Bergoglio, fraîchement nommé supérieur provincial, avait trouvé la maison jésuite dans un état déplorable. La conjugaison de Vatican II, de Mai 68 et de l'aggiornamento voulu par le père Arrupe avait provoqué une débandade dans les rangs des prêtres – la moitié des effectifs manquait à l'appel – et une stérilisation des vocations. Elle avait aussi scindé la Compagnie en deux camps – ceux qui se sentaient trahis de n'avoir plus à remplir la mission initiale des ignaciens – l'éducation et la formation des élites – et ceux qui avaient trouvé dans la théologie de la libération une pentecôte éblouissante et l'occasion d'une refondation de leur apostolat. On avait assigné deux missions au tout jeune curé : la direction de la maison bien sûr, et la préparation du prochain voyage du père Arrupe en Amérique latine, que le général avait fixé à la suite de la 32e congrégation générale, qui devait avoir lieu dix-huit mois plus tard, en 1974.

Jorge Mario Bergoglio avait décidé de remettre de l'ordre dans la Compagnie. Dans un premier temps, il avait pris ses distances avec la théologie de la libération pour revenir aux règles fondamentales de la maison. Il avait décidé de maintenir une spiritualité forte, sans quoi un ordre disparaît, comme l'avait écrit le père jésuite Raymond Hostie en 1972, dans son livre *Vie et mort des ordres religieux*. Son premier acte d'autorité, éclatant et spectaculaire, avait été de transférer la maison mère du provincialat, qui traditionnellement occupait une maison rue Bogota, en plein cœur de la capitale, au collège Maximo de Saint-Michel pour surveiller de près les novices. Ceux-là, il les avait ramenés à la grammaire élémentaire de l'enseignement jésuite, en leur rappelant les objectifs essentiels de la Compagnie tels que saint Ignace et le pape Paul III les avaient définis : « Faire progresser les âmes dans la vie et la doctrine chrétiennes, travailler à la propagation de la foi par le ministère de la prédication publique et de la parole divine, et en particulier former au christianisme les enfants et les ignorants, et consoler spirituellement les fidèles par le sacrement de pénitence ; tel est le but imposé à tous ceux qui veulent, dans la Société nouvelle, combattre pour Dieu et servir le Seigneur. » Il leur avait imposé des gammes : les *Exercices spirituels*, ciment spirituel de la Compagnie. Il les avait astreints à l'étude attentive des *Constitutions*, ces bibles ignaciennes. Pour attirer de nouveaux novices, il avait organisé une réforme du cursus scolaire et restauré l'étape du « juniorat » pendant lequel ils étudiaient l'histoire de l'Argentine, de son art, de ses traditions, et le rôle de l'Église dans son élaboration. Il avait ainsi restitué l'atmosphère d'études du grand monastère jésuite d'Alcalá de Henares, en Espagne, où il s'était retiré trois ans auparavant, en mai 1970, peu après avoir été ordonné prêtre de l'archevêché Ramón José Castellano, et avoir prononcé, le 2 avril précédent, ses vœux perpétuels. À Alcalá de Henares, dans l'austérité, l'ascèse, la discipline et le silence, il avait achevé la troisième probation de la formation jésuitique. Il y avait développé ce qui l'avait attiré dans la Société de Jésus, la discipline et la fidélité au service de la foi « orientée vers la justice du royaume ».

Enfin, pour parachever la reprise en main de la Compagnie argentine, il avait formé une équipe de missionnaires « de choc », qu'il envoyait dans les confins du pays les plus misérables, tel Santiago del Estero, ou dans les quartiers défavorisés de la capitale, pour y vivre comme les plus pauvres, sans autre arme ni discours que l'Évangile. Le 17 décembre 2013, pour fêter les soixante-dix-sept ans du pape François, le Vatican inviterait le père Miguel Yáñez, aujourd'hui directeur du département de théologie morale de l'Université pontificale grégorienne. Le jésuite argentin a pris la parole pour évoquer le supérieur provincial tel qu'il l'avait connu lorsqu'il étudiait au collège Saint-Joseph et Saint-Michel de Buenos Aires pendant les années noires, de 1977 à 1979 : « Il était très proche de nous, il nous poussait vraiment à avoir une vie spirituelle sérieuse et partagée dans une communauté de frères, d'amis, où il y avait aussi des temps de détente, mais nous étions poussés à communiquer l'Évangile, surtout aux plus pauvres, et à les prendre en charge. Pour moi, cela a été des années très intenses, des années dont je me souviens encore et qui m'ont donné une perspective pour ma vie spirituelle comme pour ma vie d'études et d'enseignement. »

Tout ce travail de supérieur provincial, il l'avait accompli suivant une ligne tout à fait précise : la non-politisation de la Compagnie de Jésus. Mais s'il pouvait veiller sur les novices, il lui était beaucoup plus difficile de protéger des dérives marxistes de la théologie de la libération les nombreux jésuites qui travaillaient dans les quartiers les plus pauvres. Les Montoneros, l'extrême gauche péroniste, connaissaient leur attirance pour l'action révolutionnaire, depuis que toute l'Église latino-américaine, avec un immense enthousiasme, avait plébiscité l'« option pour les pauvres » décidée à Medellín. Ils la connaissaient d'autant plus que beaucoup parmi eux sortaient des rangs jésuites. Les uns après les autres, les prêtres s'enrôlaient dans la guérilla, qu'ils présentaient comme un mal inévitable pour parvenir à la justice sociale qu'ils prêchaient.

Et le pire, c'était que les événements politiques leur donnaient des arguments pour persister dans cette voie. Un an à peine après qu'il avait été nommé provincial, Bergoglio avait vu le général Perón parachever son virage à l'extrême droite. La triple A (Alliance Anticommuniste Argentine) était alors entrée dans une répression sanglante contre les Montoneros, qui ripostaient par le terrorisme, les enlèvements et les exécutions sommaires. Au sein de la Compagnie de Jésus, l'atmosphère s'était envenimée. Jusque-là, il était acquis, pour tous, que les prêtres qui travaillaient dans les quartiers pauvres étaient *sourds*. S'ils n'entendaient rien autour d'eux, ils ne répétaient rien non plus. Sourds et donc auréolés d'une inviolable immunité. L'enrôlement d'ecclésiastiques par la guérilla compromettait cette règle. Tous devenaient suspects, tous étaient menacés. Dans ce climat de plus en plus mortifère et suspicieux, on tentait de se rassurer. On se répétait que jamais « ils » n'oseraient toucher à un homme de Dieu. Mais ce que tous redoutaient avait finalement eu lieu. Le 11 mai 1974, le père Carlos Mugica, curé *villero*, était assassiné à la sortie de la messe qu'il venait de dire en l'église San Francisco Solano, au fin fond de la Villa Luro. La répression sanglante avait commencé, très vite orchestrée en carnage national après le coup d'État du général Jorge Videla contre Isabel Perón, le 24 mars 1976. Le dimanche 4 juillet 1976, cinq religieux étaient criblés de balles dans le centre de Buenos Aires. Le 18 juillet de la même année, les prêtres Gabriel Longueville et Carlos De Dios Murias étaient enlevés et assassinés dans la province de La Rioja. Le 4 août suivant, c'était leur évêque, Mgr Angelelli, qui était exécuté.

Nul plus que Jorge Mario Bergoglio n'était convaincu du rôle des églises et de leurs œuvres dans la promotion des droits de l'homme. Personne n'estimait davantage la vaste critique de l'injustice et des abus de pouvoir que l'Église avait élaborée en Argentine, et dans une grande partie de l'Amérique latine. Depuis ses plus jeunes années, Bergoglio avait fait l'expérience, dans sa rue, dans son quartier, dans tout Buenos Aires, de la légitimité de son rôle critique et prophétique. S'il encourageait, dans l'enseignement, l'imprégnation de la culture populaire, n'était-ce pas pour privilégier et faciliter l'exercice du dialogue et de la solidarité, plutôt que le principe de négociations avec les élites ? Mais il avait décidé de durcir ses positions. Il ne pouvait plus autoriser, dans ces temps de dictature militaire féroce, les comportements qui exposaient les prêtres et leur entourage. Averti par un des curés du Mouvement des prêtres pour le tiers-monde, le père Rodolfo Ricciardelli, de la vaste offensive que préparaient les forces armées contre les opposants de tous bords, il avait dissous les communautés ecclésiales de base les plus compromises avec la guérilla ; il avait mis les prêtres considérés comme « subversifs » à l'abri des murs du collège supérieur de Saint-Michel, et invoqué, pour justifier leur présence, des retraites spirituelles. Les communautés qui outrepassaient ses ordres, il les interdisait.

Il l'avait fait de toute son autorité, sans demander leur avis aux « consulteurs » qui épaulent le provincial dans ses décisions et participent à l'administration de la Société de Jésus, ni avoir recours aux commissions de travail qui proposent des pistes de réflexion dans des circonstances ordinaires. Mais il y avait urgence, et la constitution de la Société de Jésus laissait au supérieur provincial la charge de prendre seul les décisions ultimes dans sa province. Jamais la Compagnie ne fut plus divisée. De même qu'il y avait les pro-Arrupe et les anti-Arrupe à la curie généralice, au point que la province espagnole demandait à prendre son indépendance, il y eut les bergoglistes et les anti-bergoglistes à Buenos Aires. Les antibergoglistes le soupçonnaient de collusion passive avec le pouvoir et, sur cet argument, s'estimaient fondés à contester ses décisions. Certains écrivirent au général pour se plaindre. Bergoglio fut convoqué à Rome et s'il y obtint gain de cause, ses relations n'en furent nullement apaisées à Buenos Aires.

« Je n'ai pas été compréhensif, ni impartial. Je n'ai pas toutes les réponses et je n'ai pas davantage toutes les questions. Je me pose sans cesse de nouvelles questions. Personne n'échappe à la solitude des décisions. Vous pouvez demander un conseil, mais c'est vous qui devez décider. On peut faire beaucoup de mal avec les décisions qu'on prend. On peut être très injuste. C'est pourquoi il est si important de s'en remettre à Dieu », reconnaîtrait plus tard Mgr Bergoglio, dans ses entretiens avec Rubin et Ambrogetti, lorsqu'il évoquerait sa situation pendant la dictature et la guerre sale – huit mille assassinats « admis » plus tard par Videla, et trente mille disparus – guérilleros, ecclésiastiques, politiques, syndicalistes, universitaires, journalistes...

À Rome, la Compagnie de Jésus vivait des heures compliquées. Les déclarations de son supérieur général, Pedro Arrupe, lors de la 32e congrégation qu'il avait enfin convoquée, et qui s'était tenue du 2 décembre 1974 au 7 mars 1975, avaient indisposé le pape Paul VI. Bergoglio avait participé aux rencontres et avait entendu le père Arrupe réaffirmer les grandes lignes de la libération des peuples, décidées à Medellín. Arrupe avait décrété formellement que « la mission de la Compagnie de Jésus aujourd'hui est le service de la foi, dont la promotion de la justice constitue une exigence absolue en tant qu'elle appartient à la réconciliation des hommes demandée par leur réconciliation avec Dieu ». Mais Bergoglio avait aussi pris conscience du désaccord de la papauté sur le sujet. La Congrégation pour la doctrine de la foi flairait dans cette nouvelle façon d'aborder la théologie le parfum de l'hérésie et dans la prolifération des communautés ecclésiales de base, le soufre du schisme. Paul VI avait adressé une admonestation solennelle aux jésuites : « Comment avez-vous cru que pour donner une plus grande efficacité à votre activité, il fallait renoncer à grand nombre d'habitudes spirituelles, ascétiques, disciplinaires, qui ne seraient plus une aide mais un frein à une expression plus libre et plus personnelle de votre zèle ? » Sans contrevenir à son vœu d'obéissance au pape, le père Arrupe avait tenté d'élaborer une voie d'équilibre, qui maintenait sa relecture radicale des Évangiles et des préceptes de saint Ignace, tout en condamnant les dérives violentes que vivait la Compagnie en Amérique du Sud. Six mois plus tard, Paul VI publiait l'exhortation apostolique *Evangelii Nuntiandi* sur l'évangélisation dans le monde moderne, où il réaffirmait ce qu'il avait intimé aux jésuites : « Nous devons dire et réaffirmer que la violence n'est ni chrétienne ni évangélique et que les changements de structures trop brusques et violents seraient stériles, inefficaces pour leur projet même, et non conformes à la dignité du peuple. » Lorsqu'il était rentré à Buenos Aires, Bergoglio ne doutait plus du bien-fondé de ses décisions. Et pour être entendu des plus récalcitrants, il rappelait le quatrième vœu – l'obéissance au pape. Alors, on le soupçonna aussi d'appuyer les options préconciliaires de la curie romaine. On vit, dans ce rappel, un signe manifeste de son conservatisme et de ses penchants pour la droite.

Le supérieur général lui avait demandé de confier la gestion de l'Université del Salvador, l'USAL, par ailleurs en cessation de paiement, aux laïcs, au prétexte qu'il était « absolument impensable que la Compagnie puisse promouvoir efficacement et partout la justice et la dignité humaine si l'on identifie la plus grande part de son apostolat aux riches et aux puissants, ou si elle se fonde sur la sécurité de la propriété, de la science ou du pouvoir ». Jorge Mario Bergoglio avait obtempéré ; il avait envoyé les jésuites universitaires travailler dans les quartiers défavorisés, ne maintenant dans les amphithéâtres que les professeurs de théologie, puis il avait confié la gestion de l'USAL à un groupe de personnalités du monde laïc. On découvrit qu'elles avaient appartenu à la Garde de fer, d'extrême droite. « Mais en 1976, la Garde de fer n'était pas encore politisée, préciserait plus tard, lors des procès d'intention qui avaient été faits à Mgr Bergoglio, Julio Bárbaro, dirigeant historique du parti péroniste. Il s'agissait d'un groupuscule qui revendiquait la libération des pauvres, bien avant les Montoneros qui plus tard reprendraient leurs arguments. »

Le père Jorge Bergoglio avait été très vivement critiqué pour avoir « abandonné » l'Université, et tout autant lorsqu'il fut question de trouver une solution pour assainir la situation financière de la Compagnie en Argentine. La Société de Jésus était grevée de dettes, les caisses étaient vides, et l'argent manquait pour aider les plus pauvres. Il avait alors décidé de se débarrasser d'une partie des biens immobiliers dont les jésuites étaient propriétaires. De nouveau, il entendit autour de lui le grondement des critiques. Il passa outre et vendit.

XVIII

« À Rome, ils vont découvrir à qui ils ont affaire ! Quand il doit faire quelque chose, mon frère le fait. Et ils ne le changeront pas », m'avait prévenue Maria Elena, sur le seuil de sa maison du 785 de la rue Darragueyra, dans la petite ville d'Ituzaingo, à une trentaine de kilomètres du centre de Buenos Aires. Dès le lendemain de l'élection de son frère, les vaticanistes lui avaient laissé entendre que la curie ne ferait qu'une bouchée de l'archevêque de Buenos Aires, et cette idée avait fait s'étouffer de rire cette femme solide, au franc-parler, tabagique et frappée d'emphysème. Elle avait ajouté, entre deux souvenirs émus (« je n'ai pas été toujours sage. J'ai divorcé. Il ne m'a jamais jeté la pierre ») : « Il sait ce qu'il veut. Il agit avec ordre et rigueur, parce que c'est un homme ordonné et rigoureux. »

Ainsi, lorsque, au terme de son mandat de supérieur provincial, il avait été nommé recteur du collège supérieur et de la Faculté de philosophie et de théologie de San Miguel, Jorge Mario Bergoglio avait poursuivi sur le chemin qu'il s'était tracé – sortir de la crise la Compagnie et susciter de nouvelles vocations. Il avait quarante-deux ans ; la tempête qu'il avait traversée, loin de l'affaiblir, avait renforcé son caractère. Il avait réfléchi : qu'il y ait de telles fractures à l'intérieur de la Société Jésuite manifestait une défaillance dans l'étude et l'écoute des principes ignaciens, et partant dans le bon entendement de son esprit. Certes, l'ouverture au monde qu'impliquait cette doctrine l'exposait aux déséquilibres, à la sécularisation. Cependant, à la condition que la Croix reste l'axe, les Évangiles le garde-fou, et les *Exercices spirituels* la grammaire, l'équilibre entre le siècle et le Ciel était maintenu, si périlleux soit-il. Il avait alors réinvesti les professeurs dans leur mission. Il avait offert aux étudiants les meilleurs outils. Pour cela, il avait restructuré la bibliothèque. Le 15 octobre 1981, le Colegio Maximo inaugurait le meilleur fonds de théologie et de philosophie d'Amérique latine. Quatre ans plus, en 1985, pour fêter le quatre cent cinquantième anniversaire de l'arrivée des jésuites en Argentine, il organisait un congrès international de théologie et de philosophie, ouvert à tous les pays et à toutes les confessions : l'intelligentsia revenait dans le pays, qui s'ouvrait enfin à la démocratie. Au milieu des auditeurs, se tenait l'archevêque de La Plata, Antonio Quarracino, fils d'immigrés italiens, que la réputation du recteur avait attiré dans ces murs. La réflexion proposée tournait autour du thème de « l'évangélisation de la culture et l'inculturation de l'Évangile ». Ce fut un beau succès. Les demandes d'inscriptions au collège montèrent en flèche.

Lors de ses années de professorat, Bergoglio avait élaboré une philosophie de l'éducation qu'il comparait à l'apprentissage de la marche. Un enfant ne marchait que s'il éprouvait le désir d'explorer l'inconnu. Mais s'il quittait trop vite le sol qu'il connaissait, il tombait. S'il n'en sortait pas, il se sclérosait. Il s'agissait donc d'exciter le désir d'inconnu à partir du fonds classique, des bases solidement acquises. En enseignant, il avait aussi découvert, au-delà du charisme qu'il exerçait sur ses élèves, qu'un pédagogue ne peut être un démagogue et qu'avec les élèves, tout se jouait dans les premières heures du premier contact. Alors, d'emblée, il avait établi le style – chaleur et rigueur ; et les règles – ne rien demander qu'on ne fasse soi-même. Apprendre et pratiquer. Il avait déjà réformé le noviciat dans ce sens. Il étendrait sa méthode à l'ensemble du collège. Elle était radicale : étude, travail, prière. À ce sujet, les souvenirs du père Ernesto Giobando continuent de faire le tour du monde. « Je ne suis pas entré au séminaire pour m'occuper des cochons mais pour étudier ! » avait-il protesté quand Bergoglio lui avait demandé d'aller nourrir les porcs. « Tu feras les deux », avait répondu le recteur avec d'autant plus d'autorité qu'il ne répugnait à aucune des basses œuvres. Levé à l'aube, il lavait le linge, cuisinait, récurait la porcherie. Il attachait au travail une vertu quasi théologale et ne cessait jamais de remercier son père de l'avoir obligé, en sus de l'école, à prendre un petit boulot dès qu'il avait eu treize ans.

Il avait exigé que les portes du collège restent ouvertes pour que les enfants du quartier, plus pauvre que populaire, et leurs parents puissent y trouver un réconfort. Il avait offert à la commune les terrains qui entouraient le collège, autrefois dans la campagne, et que la banlieue avait rattrapés. Là, sur ce no man's land, il avait fait construire, avec l'aide des novices, cinq églises assorties de refuges paroissiaux. Leur consécration avait donné lieu à de grandes fêtes ; elles avaient laissé les enfants éblouis. Église Saint-

Joseph bien sûr, qui était le patron de l'Église en son entier, mais encore, dans le quartier Manuelita, celle de Saint-François-Xavier, dans le quartier Don Alfonso celle de San-Alonso-Rodriguez et encore, dans le quartier Parque, celles de San Pedro-Claver et des Saints-Martyrs. Il avait ouvert des écoles, ainsi qu'un collège technique qu'il pourvoyait en professeurs. Il avait installé un terrain de foot et organisé des matches. En trois ans, il avait transformé l'environnement du collège et pacifié ses habitants : « Ils n'ont plus rien de commun avec les gens en colère qui, il y a peu encore, recevaient les étrangers à coups de pierres », relatait l'article du journal *El Litoral*, consacré aux « Miracles du père Bergoglio ». Homme à la fois de Dieu et de gouvernement comme il en existe peu, il entraînait à sa suite les séminaristes. On venait s'inscrire des quatre horizons – Chili et Paraguay, Brésil et Venezuela –, et on vit même des dominicains et des franciscains suivre les cours en externes. En soi, le journal avait raison. Qu'une discipline de fer connaisse ce succès, à une époque ou l'hédonisme ambiant invitait la jeunesse à la jouissance libre et sans contrainte, cela tenait du miracle et, quelque peu aussi, de l'étonnant charisme de Bergoglio.

Le recteur n'avait pas cantonné ses réformes au cursus universitaire ou aux travaux pratiques. Il avait étendu l'obligation faite aux novices, pendant son provincialat, de sortir du confort des salles d'études et du mensonge des murs épais, qui leur faisaient oublier la réalité rude de la vie. Il leur demandait d'aller vers l'autre et de lui accorder la priorité. Dans les souvenirs qu'il a déroulés au Vatican, à l'occasion des soixante-dix-sept ans du souverain pontife, le père Yáñez s'est souvenu d'anecdotes singulières – le jour où Bergoglio lui a signifié qu'il n'avait pas à revenir en cours tant qu'il n'avait pas trouvé un toit à la femme qui était à la porte du collège avec ses quatre enfants. Les caisses étaient toujours ouvertes pour ce type d'œuvres : les bonbons aux plus petits, les sorties à la mer, un manteau ou un chandail pour les plus vieux, les catéchismes à colorier, les crayons, ou le billet d'avion à procurer à Paulina, la petite secrétaire, dont la mère était morte en Italie et qui pleurait de ne pouvoir se rendre à son enterrement. « Il était le recteur et un maître spirituel incomparable, m'a dit le père Ricardo Fiat, qui est resté son ami et venait souvent lui rendre visite à l'archevêché. Ses messes faisaient églises combles et il ressuscitait une ferveur populaire pour Jésus, Joseph et la Vierge Marie. Il était là et immédiatement, où les choses s'appesantissaient, tout se mettait en mouvement, comme des aiguilles folles à qui on aurait rendu le nord magnétique. » Avec lui, de nouveau, dans le quartier, les saisons se succédaient au rythme du calendrier liturgique. Noël rassemblait les familles et la Semaine sainte des processions dans les rues en terre, sans trottoir, où on attendait depuis des lustres le goudron du cantonnier ; et le 15 août ! Le 15 août, au plus froid de l'hiver, les petites filles en rubans bleus jetaient au ciel, à pleine voix, des chapelets d'*Ave Maria*. On le voyait filer dans les couloirs du collège, les mains croisées dans le dos et toujours, à la bouche, un encouragement affectueux ou un de ses célèbres mots d'humour. Ou bien, discrètement, sortir à pas d'heure pour aller visiter un malade, répondre à un désespoir, veiller un mourant – glisser dans toute cette pauvreté un peu de l'amour du Christ.

XIX

Le premier choc, sa première conscience de la pauvreté comme l'Argentine ne la connaissait pas encore, celle des favelas, ces bidonvilles, ces agglutinations de briques et de cartons accrochées par on ne sait quel effet les unes aux autres, dans les plis des mégapoles, dans leurs recoins – et emplies d'une humanité terrée là, hagarde et aux aguets, terrorisée et violente –, Bergoglio les a vécus au Chili. Ce pays, il l'avait connu alors qu'il était séminariste, à la fin des années cinquante. Il avait effectué son premier grand voyage en traversant la cordillère des Andes, pour aller, selon le cursus normal long de quatorze années, étudier les humanités au vieux séminaire de la Compagnie de Jésus, dans la communauté de Padre Jurtado, baptisée ainsi en hommage au jésuite Alberto Hurtado Cruchaga, d'ailleurs canonisé par Benoît XVI en 2005. Cet ensemble colonial, qui existe aussi sous le nom de Centre de spiritualité Loyola, servait de lieu de rencontre pour les aspirants au sacerdoce de toute l'Amérique du Sud. Un long bâtiment d'un étage au toit de tuiles, planté dans un parc fleuri de fuchsias et de pensées où trônent, bien sûr, les statues de toute la Sainte Famille. Un palmier magistral ombrage un banc. On est à quelque vingt-deux kilomètres de la capitale. Le silence est de rigueur. Jorge Bergoglio allait passer deux ans dans ces murs, entre études et méditations. Entre les salles de cours et la chapelle. Comme ses coreligionnaires, il prenait son tour pour lire quelques pages édifiantes à l'heure du déjeuner, dans le vaste réfectoire.

Comme certains d'entre eux, plus rares, il quittait ce monde clos, calme, pour s'immerger dans la vie quotidienne des Chiliens et filait à Santiago. Alors, il s'installait dans la maison des clercs attenante au collège San Ignacio, qui se dresse dans l'emblématique rue Alonso de Ovalle, en plein centre de la capitale chilienne. Une rue chic, meublée de beaux bâtiments, fréquentée par la bourgeoisie. Rien qui l'ait préparé à l'effroi qu'il ressentirait en partant à l'aventure, dans les lointains faubourgs de la ville. Comme à Buenos Aires où il n'aimait pas flâner dans les quartiers riches qu'il trouvait sans âme ni charme, il n'éprouvait aucun plaisir à marcher dans ces rues rutilantes de magasins, de grands restaurants et encombrées de gens bien vêtus. Il avait pris un bus pour le quartier populaire où il allait, une fois par semaine, enseigner le catéchisme aux plus petits. Il avait repéré, dans le groupe d'enfants, que beaucoup ne portaient pas de chaussures. Il était allé marcher autour de l'école, et plus loin encore, vers la frontière incertaine de la ville et de la campagne. Au détour d'une rue, il était tombé sur les premiers baraquements d'un bidonville. Il était entré dans ce qui semblait la grand-rue de cette cité improvisée. Il devinait, aux regards, à l'immobilité subite des habitants, qu'il violait une frontière. Mais il avait continué. Il se sentait protégé par sa soutane et sa *carucha*, son grand sourire jeté comme des poignées de main aux uns et aux autres. Mais il n'avait obtenu aucune réponse. Sa présence avait l'effet d'un doigt sur une corne d'escargot : des silhouettes se rétractaient derrière de vieux rideaux, des recoins de murs. Il s'était mis à marcher de plus en plus lentement. Il était stupéfait par la découverte qu'il était en train de faire, par cette inimaginable réalité qui s'étalait devant lui, autour de lui.

Dans un premier temps, il s'était demandé pourquoi, d'emblée, il avait trouvé ce quartier différent, tout à fait différent, des coins les plus démunis qu'il connaissait à Buenos Aires. Puis il avait compris. En Argentine, les pauvres, même s'ils vivaient entre eux, gardaient leurs quartiers ouverts sur la ville. Ils en sortaient pour aller au travail, ou tenter d'en trouver. Ils rêvaient tous de s'en échapper un jour, ou que leurs enfants le fassent et s'installent ailleurs. Mais là ! Là, c'était la fin de la course. Tous ces gens s'étaient *retirés* de la vie, dont ils n'attendaient rien et qui n'avait rien à leur offrir. Ils s'étaient enfermés volontairement. Ils s'étaient infligé une ségrégation volontaire. « Il est revenu du Chili bouleversé dans tout son être par cette découverte », se souvenait son ami et compagnon de séminaire, Ricardo Fiat. Cette découverte ? Le fait que volontairement, des hommes et des femmes, et avec eux leurs enfants, se soient coupés de la civilisation parce qu'ils jugeaient inconciliables les deux mondes, le leur et celui dont ils avaient un pâle reflet ; parce qu'ils n'avaient plus d'espérance pour se battre et tenter de se faire une place, ni vivre à peu près comme les autres. Ils s'étaient relégués au rang d'intouchables, condamnant par là même leurs enfants à le rester.

Jorge Mario Bergoglio était écrasé spirituellement par cette révélation. Il croyait connaître la pauvreté. Sa famille n'appartenait pas aux nantis. De nombreux voisins se contentaient d'expédients et réclamaient parfois l'aide des parents, des voisins, de la paroisse. Mais cet extrême dénuement ! Cette misère qui fait qu'un homme se considère comme un élément non différenciable d'une sous-humanité – un paria ! Ces enfants qui avaient une tristesse et des violences au-dessus de leur âge ! Cela, il ne l'avait encore jamais approché et cette révélation le sidérait.

Un philosophe hongrois, László Földényi, a écrit un court essai, *Dostoïevski lit Hegel en Sibérie et fond en larmes*. Dans ce livre, il imagine le choc de l'auteur de *Crime et châtiment*, alors prisonnier en Sibérie, lorsqu'il découvre que Hegel a ignoré l'existence des camps dans l'élaboration de sa thèse sur la fin de l'histoire. Hegel a oublié de prendre en compte les camps, la Sibérie, les forçats qui attendent et y meurent et il l'a oublié, *lui*, un homme, le dernier d'entre eux par sa condition, mais pourtant, parce qu'il est le dernier d'entre eux, celui sans qui rien de ce qui prétend résoudre le *malheur* des hommes ne pourra avoir lieu. Le choc profond de Dostoïevski, qui fond en larmes à ce constat, et qu'imagine Földényi, est exactement celui que ressent Bergoglio ce jour-là : rien ne sert de discourir, d'imaginer des modèles, de dire des messes ou de prêcher la bonne parole si ceux-là sont oubliés dans les discours, les modèles, les messes ou les prêches. Parce qu'ils sont les derniers, ils doivent être premiers dans tout ce qui peut être pensé du royaume, ou mis en œuvre pour qu'il advienne. Kafka a dit un jour à son ami Max Brod : « Il y a de l'espoir, mais pas pour nous. »

Cette vision le hanterait toujours. Il venait de faire l'expérience physique de ce que signifiait « marginal ». Ainsi, le monde avait ses marges. Il existait une *périphérie* où une autre humanité se débattait, vivotait, agonisait, privée de l'aide ou même de la compassion des autres hommes, privée de la parole de Dieu. Il existait une réclusion volontaire qui interdisait à l'individu son épiphanie personnelle, unique et irremplaçable dans ce monde ; qui lui interdisait de se déployer, dans la plénitude de son être. Il se sentait tout à fait *malheureux*. Il était écrasé par un sentiment d'impuissance. Comment réparer tout cela ? Comment, si ce n'était en abolissant la distance entre eux et nous, en l'emplissant de la parole d'amour ? Il avait trouvé le territoire de son engagement. La périphérie, toutes les périphéries deviendraient sa paroisse. Comment le catholicisme ne retrouverait-il pas sa force s'il reconnaissait la réalité de ces nouvelles zones sociales et s'il pratiquait, en priorité pour elles, la compassion ?

Le soir même de ce 5 mai 1960, Jorge Mario avait écrit à sa petite sœur Maria Elena, sa cadette de douze années : « Je vais te raconter quelque chose : je donne des cours de catéchisme à des élèves de huit à neuf ans. Les enfants sont d'une grande pauvreté ; certains même viennent pieds nus à l'école. Ils n'ont souvent rien à manger. En hiver, ils ressentent le froid dans toute sa dureté. Tu ne connais pas cette situation : tu n'as jamais manqué de nourriture et, quand tu as froid, tu t'approches du poêle. Pense bien à ce que je t'écris : lorsque tu es joyeuse, beaucoup d'enfants pleurent. Lorsque tu te mets à table, beaucoup ont à peine un bout de pain à manger et, lorsqu'il pleut ou qu'il fait froid, beaucoup vivent dans des abris en tôle et certains n'ont rien pour s'abriter. Une petite vieille m'a dit l'autre jour : "Oh mon père, si je pouvais avoir juste une couverture, qu'est-ce que je serais bien ! J'ai tellement froid la nuit !" Et le pire de tout, c'est qu'ils ne connaissent pas Jésus. Ils ne le connaissent pas parce que personne ne leur en a parlé. Tu comprends maintenant pourquoi je te dis qu'il nous faudrait tellement de saints ? J'attends donc que tu m'envoies rapidement une lettre dans laquelle tu me dises ce que tu vas faire pour m'aider dans mon apostolat. De "ce que" tu vas faire dépend le bonheur d'un enfant. Ne l'oublie pas. Je voudrais tant que tu sois une petite sainte. Pourquoi ne pas essayer ? Il nous faudrait tellement de saints. »

XX

Des saints, c'est ce qu'il tentait de faire des élèves du collège Maximo de San Miguel. Ou du moins mettait-il tout en œuvre pour que ces jeunes hommes continuent ce chemin qu'ils avaient emprunté avec leur vocation – imiter la vie de Jésus de Nazareth. En six ans, il avait obtenu des résultats exemplaires, qui soulignaient l'intelligence de ses vues et son charisme. Son travail de prêtre dans sa paroisse de Saint-Joseph avait consolidé ses liens avec les curés *villejos*, et les églises étaient pleines le dimanche. Il avait retenu, des thèses de Gutierrez, que les pauvres ne sont pas seulement un groupe qu'il faut aider, mais un groupe de qui il faut apprendre : leur relation avec Dieu n'était-elle pas plus authentique, puisqu'elle échappait à la contamination matérielle ? Il avait alors encouragé le mouvement des curés de bidonvilles.

L'un de ses représentants les plus charismatiques, José Maria Di Paola, le célèbre « padre Pepe », ne se lasserait plus d'évoquer sa complicité avec l'archevêque de Buenos Aires, ni qu'il n'ait jamais eu à téléphoner plus d'une fois pour que Mgr Bergoglio lui vienne en aide. De même, le padre Pepe n'omettrait jamais de souligner que le manifeste du Groupe des prêtres pour les bidonvilles (ESV : Equipo de Sacerdotes para Villas), élaboré en 2010, fut officialisé par l'archevêque dans le bulletin ecclésiastique. D'emblée, les prêtres *villejos* de l'ESV avaient pris leurs distances avec la théologie de la libération, pour lui préférer une théologie de la pauvreté. Cette doctrine, en droite ligne de la vision sociale de Paul VI – notamment le paragraphe 53 de *Gaudium et Spes* –, avait fleuri sur le sol argentin. Elle avait son maître, Juan Carlos Scannone, et ses disciples, les Argentins Lucio Gera ou Raphael Tello qui, de leur côté, loin de tenter une greffe entre catholicisme et marxisme, avaient « péronisé » la doctrine de la théologie de la libération. Cette théologie de la pauvreté avait sous-tendu la pastorale que Jorge Mario Bergoglio enseignait aux séminaristes, qu'il envoyait dans les paroisses les plus démunies.

« Il était un homme-orchestre, qui s'occupait de tout à la fois, sans fausse note. Et tous le suivaient parce qu'il était d'une profonde spiritualité », a témoigné Juan Carlos Scannone, de cinq ans l'aîné de Bergoglio, qui avait été son professeur de grec au séminaire. L'élève était devenu doublement son supérieur – une première fois lorsqu'il était devenu provincial de la Compagnie, une seconde fois avec la charge de recteur du Colegio Maximo. Les deux hommes s'estimaient au point que Scannone avait demandé à son cadet d'être son directeur spirituel. Ils avaient alors de nombreux échanges – le premier enseignait la philosophie, et le second, la théologie. Enfin, une fois son provincialat terminé, Bergoglio avait tenu à calmer les tensions qui avaient électrisé ses rapports avec la Société de Jésus. Il avait pris soin de louer – d'ailleurs sincèrement – le travail du père Arrupe, « un homme de prière », et il l'avait publiquement et chaleureusement remercié « pour avoir enseigné à tous les jésuites la nécessité d'apprendre la logique du peuple dans lequel ils évoluaient, pour appliquer cette même logique dans leur évangélisation ». En août 1983, un accident avait plongé le père Arrupe dans une sorte d'aphasie et le Hollandais Peter-Hans Kolvenbach lui avait succédé.

En cette année 1986, le pays vivait enfin une démocratie ; quant à la théologie de la libération, « après l'effondrement du socialisme réel, ses courants de pensée avaient sombré dans la confusion, incapables aussi bien d'une reformulation radicale que d'une nouvelle créativité », comme Bergoglio l'écrirait beaucoup plus tard, en 2005, en préfaçant le livre de l'Uruguayen Guzmán Carriquiry Lecour, *Globalisation et humanisme chrétien : perspective sur l'Amérique latine*. En fait, elle connaissait un puissant *revival* avec les guérillas d'Amérique centrale – une vingtaine de jésuites seraient massacrés au Salvador le 19 novembre 1989 – ou en Colombie et au Pérou avec le Sentier lumineux.

Lorsqu'il avait pris le rectorat du collège, le père Bergoglio pensait que l'ardeur à refonder la Compagnie, qui avait agité les années soixante-dix, s'était apaisée. Force lui fut de constater qu'il se trompait. Ordre était donné de réformer son système éducatif. En vérité, il s'agissait davantage de contre-réformer. De démanteler, une à une, les mesures – pourtant couronnées de succès – qu'il avait mises en place pour restructurer le collège et son enseignement. Pourquoi ces décisions ? L'établissement était florissant. Que dire ? Que faire ? Bergoglio assistait, impuissant, à la déconstruction de six années d'efforts. Et, quoique recteur, les règles de la Compagnie lui interdisaient de s'opposer aux ordres venus de plus haut. Était-ce pour ne pas cautionner ce profond remaniement ? Il décida de prendre ses distances, de quitter son poste et de demander un congé. C'est ainsi qu'il atterrit, au mois de mars 1986, à Francfort, avec l'intention de consacrer une thèse à Romano Guardini, qui avait été le professeur de Joseph Ratzinger. Il s'était installé à l'Université jésuite de philosophie et de théologie de Sankt Georgen dont la bibliothèque recelait un fonds important consacré à ce théologien. Il s'était mis au travail. Mais très vite, son projet l'avait accablé : il avait le corps en Allemagne, mais l'esprit à Buenos Aires. « Humble, silencieux », se souviendraient ses logeurs, Helma et Joseph Schmidt. Il travaillait, priait beaucoup, et le soir, il partait rôder dans le cimetière parce que, de là, on jouissait d'une vue magnifique sur l'aéroport. À l'un de ses amis en deuil qui l'avait rencontré entre les tombes et s'était inquiété des raisons de sa présence, Bergoglio avait répondu : « Je salue les avions, je salue les avions qui s'envolent pour l'Argentine. »

Il était malheureux loin des siens, et inquiet loin de son collège. Aussi, un jour, n'y tenant plus, il avait pris un billet pour Buenos Aires et, sa valise pleine de livres, il était rentré en Argentine. Lorsqu'on demande aujourd'hui à son entourage les raisons de son retour, certains pointent le mal du pays. D'autres, sa résolution de s'opposer de toutes les façons possibles à l'application des nouvelles réformes. Bergoglio était bon, chaleureux et généreux, mais il était aussi entier, résolu et pugnace. Il ne s'agissait pas d'orgueil personnel ni de susceptibilité mal placée – sinon d'une volonté d'éviter l'irréparable. Il avait repris sa place de professeur de théologie au collège où, avait-il annoncé, il terminerait sa thèse sur Guardini. Mais il n'avait jamais pu l'achever. « Un jour, se souvient le père Giobando, le nouveau recteur est entré dans la classe où nous attendions qu'il nous fasse son cours de théologie pastorale, et il a annoncé : "Bergoglio n'enseignera plus la théologie dans cette maison." Nous avons été stupéfaits, et nous sommes restés muets, et profondément attristés. L'exil de Bergoglio a été un événement traumatisant pour les jésuites. »

L'exil ? Il ne s'agissait pas uniquement de le priver de l'audience de ses élèves, il fallait étouffer l'influence – et elle était large – dont il jouissait dans l'Université et toute la Compagnie. Alors on décida de l'éloigner de Buenos Aires. On le nomma confesseur de la maison mère, à Córdoba. Autant dire, un placard au bout du monde.

« Cela n'est rien de souffrir pour l'Église, il faut avoir souffert par elle », avait dit le père Clérissac, avant de mourir à Verdun.

XXI

« J'ai vécu un temps de profondes crises intérieures quand j'étais à Córdoba. » Jorge Mario Bergoglio avait eu le loisir de réfléchir aux quinze années qu'il venait de traverser lorsqu'il avait été envoyé dans cette ville de province, à huit cents kilomètres au nord de Buenos Aires, comme confesseur de la maison principale. Les plus intrépides optimistes avaient dû se ranger à l'évidence. Cette mutation ressemblait à s'y méprendre à une mesure disciplinaire. Il n'avait ni contesté ni protesté. Il avait obéi. Il avait fait sa valise et il était parti, loin de son Buenos Aires bien-aimé, dans la solitude. Il avait matière à méditer. En quelques années, il avait atteint le poste le plus important de la hiérarchie jésuite à une vitesse étourdissante, et il était revenu à son point de départ, et plus bas encore puisqu'il n'était attaché à aucune vie paroissiale. Il avait beau savoir que chez les jésuites, ces allers-retours dans la hiérarchie font partie de la philosophie de la maison, cette relégation était particulièrement douloureuse. Non seulement d'un point de vue affectif, tout le monde, autour de lui, savait combien il lui en coûtait de quitter la capitale, mais aussi du point de vue de la justice – il n'avait pas démérité. Beaucoup avaient vu dans cette mesure la volonté de briser l'aura de plus en plus grandissante dont il jouissait dans la Compagnie ; d'autres, la punition pour sa résistance et pour ses positions lorsqu'il était provincial. « Cela étant, les gens se lassent de l'autoritarisme. Ma manière autoritaire et rapide de prendre des décisions m'a conduit à avoir de sérieuses difficultés, et à être accusé d'ultraconservatisme [...] C'est ma manière autoritaire de prendre des décisions qui a créé des problèmes », avouerait encore, au père Spadaro, François. « Il répugne à évoquer ces années-là », m'a prévenue son entourage, à Buenos Aires ; et avec lui, la majorité des jésuites portègnes. « Il y aura toujours des différences de points de vue dans la famille, mais la famille continue à être une et forte », finirait-il par affirmer. À Córdoba, pour résister aux démons de la rancune, il avait cherché quel bénéfice spirituel il pouvait retirer de cet éloignement. Il avait beaucoup lu ; il avait écrit – rien qui n'exigeât d'autorisation spéciale. Il avait beaucoup prié. Dans le silence de sa chambre, debout dès l'aube, entre le crucifix de ses grands-parents qu'il avait, comme toujours, emporté avec lui, et l'image du Christ assis – le Christ en patience dont la contemplation calmait toujours l'agitation de son esprit –, il puisait dans les *Ave Maria* la force qu'il en retirait enfant, lorsqu'il les récitait avec sa grand-mère. Il priait et sa respiration intérieure s'apaisait. Ses souvenirs l'aidaient aussi. Buenos Aires, *mi Buenos Aires querido,* comme le chantait Carlos Gardel, surgissait par instant dans le timbre d'un bandonéon et cette musique le « saisissait au cœur », avec sa liturgie pleine de langueur. Seuls ceux qui ont traversé sur des ponts les abysses marins et tenté de jeter l'ancre dans les flots d'herbe de la pampa pouvaient traduire cette musique dans son essence – la possession du jour et la nostalgie de l'heure passée, le frémissement du désir et l'éclat du couteau. Il songeait à son quartier de Flores, à la délicatesse incomparable avec laquelle les soirs tombaient, au parfum puissant des nards qui encapuchonnait les kiosques des fleuristes. *Nonna* Rosa en avait fait un bouquet pour son ordination et ce seul souvenir repoussait l'abattement qui le menaçait sporadiquement, dans la solitude de cette ville. La joie profonde de ce jour-là était encore présente en lui. Tous ceux qu'il aimait l'accompagnaient, jusqu'à son institutrice. Tous, sauf son père, décédé quelques mois plus tôt d'une crise cardiaque. Cette absence avait conféré à la cérémonie une intensité particulière. Il se souvenait alors de la promesse de Hölderlin « Que l'homme ne trahisse pas ce que t'avait promis l'enfant ». Et le Credo, qu'il avait composé quelques heures avant de prononcer ses vœux :

Je veux croire en Dieu le Père, qui m'aime comme un fils, et en Jésus, le Seigneur, qui a insufflé son esprit dans ma vie pour me faire sourire et me conduire ainsi au royaume de la vie éternelle.

Je crois en mon histoire, qui a été transpercée par le regard amoureux de Dieu qui, le jour du printemps, le 21 septembre, m'a conduit à sa rencontre pour m'inviter à le suivre.

Je crois en ma douleur, inféconde à cause de son égoïsme, dans laquelle je me réfugie.

Je crois à la petitesse de mon âme, qui cherche à absorber sans donner… sans donner.

Je crois que les autres sont bons, et que je dois les aimer sans crainte, et sans jamais les trahir pour chercher ma sécurité personnelle.

Je crois en la vie religieuse.

Je crois que je veux beaucoup aimer.

Je crois en la mort quotidienne, brûlante, que je fuis, mais qui me sourit et m'invite à l'accepter.

Je crois en la patience de Dieu, accueillante, bonne comme une nuit d'été.

Je crois que papa est au Ciel avec le Seigneur.

Je crois que le père Duarte aussi est au Ciel et qu'il intercède en faveur de ma prêtrise.

Je crois en Marie, ma Mère, qui m'aime et qui jamais ne m'abandonnera. Et j'attends la surprise de chaque jour où se manifesteront l'amour, la force, la trahison et le péché qui seront mon lot jusqu'à ma rencontre définitive avec ce visage merveilleux que j'ignore, que je fuis sans cesse, mais que je veux connaître et aimer.

Amen.

Enfin, apaisé, il avait tiré les leçons pratiques de son exercice en tant que provincial : « Je partage cette expérience de vie pour faire comprendre quels sont les dangers du gouvernement. Avec le temps, j'ai appris beaucoup de choses. Le Seigneur m'a enseigné à gouverner avec mes défauts et mes péchés. »

Il avait décidé de ne plus se croire seul capable de diriger une structure, aussi simple soit-elle. Il s'était rendu compte qu'il devait se méfier de ses premières impulsions – elles étaient toujours mauvaises. Il avait réalisé que le pouvoir aussi, si par malheur il vous était dévolu, il fallait le partager, pour que jamais sa corruption ne gagne l'esprit. Le pouvoir, n'était-ce pas la propriété du diable ? « Je te donnerai toute cette puissance, et la gloire de ces royaumes ; car elle m'a été donnée, et je la donne à qui je veux », avait dit Satan à Jésus tandis qu'il était dans le désert. Oui, dans l'exercice du pouvoir, l'homme s'exposait au mal. N'était-ce pas à cette occasion que s'étaient déclarés ses défauts ?

Il avait alors réfléchi aux mesures qui le préserveraient de ses erreurs et de pécher : « C'est ainsi que, comme archevêque de Buenos Aires, je réunissais tous les quinze jours les six évêques auxiliaires et, plusieurs fois par an, le conseil presbytéral. Les questions étaient posées, un espace de discussion était ouvert. Cela m'a beaucoup aidé à prendre les meilleures décisions. »

Cette forme de gouvernance qu'il avait instaurée pour la curie d'Argentine, il déciderait tout naturellement de l'appliquer à Rome. À la fin du mois de novembre 2013, il préconiserait collégialité et décentralisation, et l'élaboration d'un statut des conférences épiscopales. Dès qu'il avait été élu, il avait annoncé qu'il jugeait essentiel le principe de consultation : « Les consistoires, les synodes sont, par exemple, des lieux importants pour rendre vraie et active cette consultation. Il est cependant nécessaire de les rendre moins rigides dans leur forme. Le conseil des huit cardinaux, ce groupe consultatif *outsider*, n'est pas seulement une décision personnelle, mais le fruit de la volonté des cardinaux, ainsi qu'ils l'ont exprimée dans les congrégations générales avant le conclave. Et je veux que ce soit une consultation réelle, et non pas formelle. »

Il les avait convoqués, ces huit cardinaux, issus des cinq continents et réputés pour leur forte implication dans les questions de justice sociale. À peine installés au Vatican, sans se perdre dans les arcanes des dicastères, sans s'encombrer des susceptibilités des uns ou du pouvoir des autres, ce fameux G8 du pape lançait à son tour une vaste consultation dans ses diocèses, auprès des fidèles et des religieux. Quelles suggestions chacun pouvait-il avancer, qui amélioreraient l'administration du Saint-Siège ? Fallait-il envisager une réforme profonde, ou de simples réajustements suffiraient-ils pour mieux répartir l'exercice du pouvoir ?

Comme le pape, le G8 avait travaillé tout l'été. Le 3 octobre 2013, il remettait ses conclusions au souverain pontife : il était urgent d'élaborer une nouvelle constitution apostolique, plutôt que de réviser le *Pastor Bonus* de 1988. Il s'agissait d'« une constitution avec de nouveaux éléments très importants, bref, une nouvelle constitution ». Sans ce remaniement des textes, il serait impossible de résoudre la kyrielle de problèmes qu'affrontait le Saint-Siège, ni de soigner la curie de ses tares, que lui reprochaient les évêques du monde entier – dirigisme, autocratie, condescendance et bureaucratie à l'excès. Il serait encore plus impossible d'asseoir, pour l'avenir, un pouvoir pontifical collégial. François, dans un entretien accordé à *La Repubblica*, le 1er octobre 2013, ne s'était pas privé de justifier l'urgence de cette réforme : « Les chefs de l'Église ont souvent été narcissiques, aimant les flatteries et excités de façon négative par leurs courtisans. » Quant à l'Église, « vaticano-centriste » à l'excès, il lui reprochait de négliger le monde qui l'entoure.

Enfin, le 26 novembre, huit mois à peine après son élection, le pape dévoilait, avec l'exhortation *Evangelii Gaudium* (« La Joie de l'Évangile »), et sans ambiguïté aucune, le pontificat tel qu'il le concevait. Certes, il n'avait surpris personne. Dès son apparition au balcon, les fidèles du monde entier avaient compris la révolution qu'il incarnait. Un dépouillement absolu. Son installation à la maison Sainte-Marthe avait confirmé son choix de la collégialité. Il voulait être l'évêque de Rome. *Evangelii Gaudium* le décrétait résolument : « Je dois penser à une conversion de la papauté. Il me revient, comme évêque de Rome, de rester ouvert aux suggestions orientées vers un exercice de mon ministère qui le rende plus fidèle à la signification que Jésus-Christ entend lui donner, et aux nécessités actuelles de l'évangélisation. » Ce qu'il préconisait ? Collégialité et décentralisation, comme il les avait instaurées lorsqu'il était évêque de Buenos Aires. Et pour que ce vœu ne reste pas lettre morte, il annonçait aussi l'institution d'un statut véritable des conférences épiscopales, qu'il allait doter d'une autorité plus large, y compris doctrinale.

Jamais un pape ne s'était plus affirmé en se retirant.

XXII

Au bout de deux ans, le père Bergoglio s'était résigné à finir sa vie à Córdoba. Telle était peut-être la volonté de Dieu. « Il y a la prière qui s'adresse au Dieu lointain, mystérieux, inconnu ; et il y a la prière qui s'adresse au Dieu proche, qui se révèle et se manifeste. Il y a la prière qui s'appuie sur le discernement des vérités de la foi, la connaissance priante ; mais il y a aussi celle de l'ignorance, de l'impuissance devant le mystère. Il y a la prière de la plénitude quand Dieu se manifeste ; mais aussi celle de la privation lorsqu'il est absent et que se creuse le grand vide que rien ne peut combler. Il y a la prière des heures où tout est ouvert et confiant, mais aussi celle de la persévérance muette, lorsque tout semble dénué de valeur et de sens, où il n'y a plus espoir, ni soutien », écrivait Romano Guardini, qu'il avait désormais tout le loisir d'étudier. Le père Jorge méditait ces lignes et contemplait son « Christ en patience », emporté dans ses bagages. Ses pensées s'étaient adoucies, et s'étaient rangées sous la bannière de Jésus. Il avait pesé le juste poids des mots pardon, péché, excuse sur la balance de sa vie, certes, mais avec pour fléau l'enseignement du Christ, et la Croix pour perspective. Spirituellement, il était ressorti plus fort de ce combat de conscience. Il y avait les péchés qu'il avait commis, il le reconnaissait, et dont il faisait pénitence. Ainsi, cet autoritarisme, la raideur de ses propositions, son refus d'entendre et d'écouter les objections. Tous ces péchés de jeunesse qui avaient blessé des frères autour de lui – et cette seule idée le rendait malheureux. Mais il y avait eu aussi, contre lui, les procès d'intention, les rumeurs méchantes, les calomnies – ces soupçons de complicité avec un pouvoir qui lui faisait horreur, et il avait travaillé sur lui pour se débarrasser des alluvions de tristesse et de ressentiment que ces rumeurs avaient déposées dans son cœur. Il lui fallait faire preuve de miséricorde, cette belle miséricorde enseignée par le Christ et pratiquée par *Nonna* Rosa.

Il avait alors décidé de pardonner aux autorités de la Compagnie qui avaient signé sa relégation – pardonner, même s'il lui faudrait longtemps pour oublier. Il garderait néanmoins ses distances. Il ne descendrait plus à la maison généralice de la Compagnie à Rome ; pour autant, il ne dirait pas un mot sur ce qu'il considérait comme une affaire privée. Et quand enfin il ferait le pas pour franchir cette distance jusque-là infrangible, il saurait y mettre son incroyable humour et cette pointe d'ingénuité qui l'avaient rendu irrésistible dans les cœurs des *Porteños*. En réponse, le 26 mars 2013, Adolfo Nicolás, supérieur général de la Compagnie, avait écrit une lettre à tous les jésuites dont les termes étaient sans ambiguïté : « Le pape François se sent profondément jésuite, et il l'a manifesté dans diverses occasions ces derniers jours. Toutes nos ressources, et toute notre aide, que ce soit sur le plan théologique, ou scientifique, administratif et spirituel, nous les mettons à sa disposition. Le moment est venu de faire nôtres les paroles de miséricorde et de bonté que le pape François répète avant tant de conviction. Ne nous laissons pas emporter par les dérèglements du passé, qui peuvent paralyser nos cœurs et nous pousser à interpréter la réalité à partir de sentiments qui ne s'inspirent pas de l'Évangile. »

Qu'avait donc dit, écrit, ou fait le pape François pour que la glace accumulée entre lui et la maison généralice, pendant trente années, fonde enfin ?

Le 14 mars 2013, deux jours à peine après son élection, il avait pris les devants – magnifique mansuétude et humilité d'un homme à qui, désormais, la catholicité tout entière devait fidélité et obéissance. Il faut laisser le père Claudio Barriga, de la curie générale jésuitique, l'un des premiers témoins de l'affaire, raconter :

« Ce matin, à 10 h 15, le pape a téléphoné à notre maison pour saluer le père général, Adolfo Nicolás. Il l'a appelé, personnellement, sans passer par un secrétaire. Le portier a répondu au téléphone, on lui a dit qu'il recevait un appel du Saint-Siège et il a entendu une voix suave et sereine : “Bonjour ! Je suis le pape François ! Je voudrais parler avec le père général.” Le portier avait envie de lui répondre : “Et moi je suis Napoléon”, mais quelque chose l'a retenu. Il a dit, de la voix la plus sèche possible : “De la part de qui ?” Le pape a compris que notre jeune portier italien ne le croyait pas, et il a répété doucement : “Non, c'est vrai, je suis le pape François... Et toi, comment t'appelles-tu ?" Depuis l'élection de Mgr Bergoglio, le téléphone de la maison mère sonnait toutes les trente secondes, et le monde entier appelait, y compris des gens psychologiquement dérangés. Mais à cet instant précis, le portier a eu conscience qu'il avait peut-être commis une énorme maladresse. Sa voix s'est mise à trembler : "Je m'appelle Andres." Le pape : "Et comment vas-tu, Andres ? – Moi ?... Euh, très bien, non, pardon, plutôt confus." Et le pape lui a dit : "Ne t'en fais pas, Andres, s'il te plaît, passe-moi le père général, j'aimerais le remercier pour la jolie lettre qu'il m'a écrite." Le portier : "Que Sa Sainteté veuille vraiment m'excuser, je vais faire tout ce que je peux pour vous le passer tout de suite." Le pape : "Il n'y a pas de problème. J'attendrai le temps nécessaire." Alors, le portier a directement transféré l'appel sur le téléphone portable de frère Afonso, secrétaire privé du père général. Il s'en est suivi la conversation suivante :

Afonso : Allô ?

Le pape : Qui est à l'appareil ?

Afonso : Je suis Afonso, secrétaire personnel du père général.

Le pape : Je suis le pape, j'aimerais saluer le père général pour le remercier de la jolie carte qu'il m'a envoyée.

Afonso (d'une voix sereine) : Oui, un moment, s'il vous plaît.

Frère Afonso s'est levé, atteint d'un léger vertige et il s'est dirigé, dans un état de grande perplexité voire d'incrédulité, jusqu'au bureau du père général, sans cesser d'entretenir la conversation : Saint-Père, félicitations pour votre élection, ici, nous sommes tous très heureux et nous prions beaucoup pour vous !

Le pape (plaisantant) : Vous priez pour que j'aille de l'avant, ou que je reparte en arrière ?

Afonso : Naturellement pour l'avenir, Votre Sainteté !

Assommé par ce qui se passait, le frère Afonso en oublia de frapper à la porte du père général qui, abasourdi, l'avait vu surgir sans son autorisation. Afonso a tendu le téléphone portable et a annoncé au père général, en roulant des yeux écarquillés de stupeur : "Le pape." Ce qui a suivi ensuite, je ne le sais pas en détail, sauf que le pape a remercié avec une immense cordialité le général et le général a répondu qu'il serait heureux s'il pouvait le rencontrer dans un proche avenir. Le pape lui a répondu qu'il allait donner des instructions à son secrétariat pour que cela se fasse le plus vite possible ; et que le Vatican lui ferait savoir à quelle date cette rencontre aurait lieu. »

XXIII

Il pleuvait toujours. Une pluie fine, froide, dans un ciel taciturne. Il priait pour que le conclave ne se prolonge pas trop longtemps. Le dernier avait duré deux jours à peine, un record pour le choix difficile d'élire un successeur à une figure aussi immense et complexe que Jean-Paul II. Les congrégations générales avaient commencé dans un climat étrange, un quasi-sentiment de déréliction. Les cardinaux restaient sous le choc de la renonciation de Benoît XVI, qui ajoutait aux problématiques habituelles de déterminer le meilleur candidat. Mgr Bergoglio était fatigué d'être à Rome. Il rêvait de son retour à Buenos Aires et de tout ce qu'il avait à faire là-bas, qu'il avait laissé en plan et qui semblait presque futile au regard des chantiers du Vatican, qu'on ne cessait pas d'évoquer pendant ces réunions. Déjà, lors du conclave de 2005, la question de la réforme de la curie avait été au cœur des devoirs du futur pape, et depuis, la situation s'était aggravée.

Il était fatigué des allusions aux uns et aux autres, des clans qui se formaient et avec eux des alliances, des ambitions, des mondanités, des bavardages et des intrigues. Il s'était rappelé les paroles de Joseph Ratzinger, lors de la première messe de son pontificat, à Saint-Pierre, le 24 avril 2005. « Priez pour moi, afin que je ne me dérobe pas, par peur, devant les loups. » Il semblait que les loups eussent fini par gagner. La tension était palpable. Le journal *La Repubblica* avait encore publié des fuites sur un éventuel lobby gay à l'intérieur de la curie, qui s'ajoutaient aux secousses telluriques du Vatileaks. Des affaires de pédophilie remontaient à la surface – trois prêtres mettaient en cause l'archevêque d'Édimbourg pour des « comportements inappropriés ». Bien sûr, il n'y avait qu'à exhumer des archives l'histoire des précédents conclaves pour prendre conscience qu'il n'avait jamais existé de succession harmonieuse. Cependant, pour la première fois, la politique n'était pas – ou si peu – l'élément qui dramatisait les relations entre les cardinaux et l'Église tout entière. Les questions brûlantes étaient d'ordre moral et elles touchaient le fonctionnement du cœur de l'Église – la curie romaine. « On » prétendait que la révélation des scandales à la presse, le départ de Benoît XVI, tout avait été orchestré pour obliger le successeur à s'attaquer à la réforme de la curie, qu'une grande majorité des évêques appelait de tous ses vœux. « On » voulait que le secrétaire, le cardinal Tarcisio Bertone, s'en aille. Les proches de Joseph Ratzinger niaient cette thèse et jugeaient douteux qu'il y ait eu une relation de cause à effet entre l'explosion des scandales et la démission de Benoît XVI. Pour autant, il était impossible de nier l'urgence dramatique de ces questions – et la plus grave d'entre elles, bien plus dramatique que les scandales de la banque vaticane, celle qui touchait à la pédophilie. À la curie, personne n'envisageait de la minimiser, ou de l'étouffer, comme autrefois sous le pontificat de Jean-Paul II, par souci de préserver l'institution. Les dérives criminelles de Marcial Maciel, supérieur général de la congrégation des Légionnaires du Christ, avaient été dévoilées au grand jour sans que le souverain pontife émérite ait tenté quoi que ce soit pour les étouffer – au contraire de ce qu'avait fait le cardinal Angelo Sodano, alors secrétaire d'État de Jean-Paul II, qui s'était opposé à la mise en cause du père Maciel, le fondateur des Légionnaires du Christ. Dans ces dossiers explosifs, Benoît XVI avait placé la vérité comme une priorité absolue, quoi qu'il en coûte à la réputation de l'Église ; il avait compris que bien loin de sauver celle-ci, le silence la rendait complice des crimes. Benoît XVI s'était ému du sort des victimes et il avait encouragé leur désir d'être reconnues comme telles. « Je pense que le courage est la principale qualité que doivent avoir aujourd'hui un évêque et un responsable de curie. Il s'agit alors de ne pas se plier au diktat des opinions, mais d'agir selon la connaissance intérieure, même si elle apporte des contrariétés. Et il faut naturellement que ce soient des hommes qui aient des qualités intellectuelles, professionnelles et humaines, afin qu'ils puissent eux aussi guider et attirer d'autres hommes dans une communauté familiale », avait expliqué le pape Benoît XVI à Peter Seewald, lors des entretiens qu'il avait menés avec lui et publiés dans le livre *Lumière du monde.*

Du courage ! Et quel courage ! Tout serait à faire et tout serait sur les épaules du même homme. Il n'était plus question d'un pape de transition, ni de prendre le temps de réfléchir à l'ordre des changements. Il faudrait agir sur tous les fronts, au milieu des loups. Il faudrait procéder aux réformes structurelles en profondeur – instaurer un équilibre équitable dans la représentation des catholiques à la curie et partant diminuer le nombre de prélats italiens. Inviter les évêques à la table de Pierre et inaugurer une forme de pouvoir qui soulagerait le souverain pontife des questions administratives. Assurer la fluidité des informations entre les différents dicastères. Regrouper les conseils pontificaux. Exiger de tous une transparence dans leurs décisions de façon que l'Église trouve une cohérence et une réponse aux défis que le monde moderne lui présentait – un renversement total des perspectives : l'homme n'était plus au cœur de l'histoire. « Il semblerait que le destin de l'homme soit d'aller jusqu'au bout de l'idée de Dieu », rappelait souvent son ami Jorge Luis Borges en citant Carlyle. En soi déjà, ce dessein était effroyable. Mais il faudrait aussi nettoyer la curie de la pourriture qui minait ses fondations, sans quoi rien ne serait possible. Et la soigner du vice qu'elle avait contracté et qui dévoyait tous les sacerdoces.

Déjà, le pape Benoît XVI avait diagnostiqué et dénoncé ce mal : le carriérisme. Un an à peine après son élection, le 7 mai 2006, il avait rappelé aux quinze prêtres qu'il ordonnait l'essence de leur vocation : « L'unique ascension légitime vers le ministère est la Croix. Telle est la véritable ascension, la porte véritable. Ne pas désirer devenir personnellement quelqu'un, mais être en revanche présent pour l'autre, pour le Christ, et ainsi, à travers Lui et avec Lui, être présent pour les hommes qu'Il cherche, qu'Il veut conduire sur la voie de la vie. On entre dans le sacerdoce à travers le sacrement – et cela signifie précisément à travers le don de soi-même au Christ, afin qu'Il dispose de moi ; afin que je Le serve et suive Son appel, même si cela devait être en opposition avec mes désirs de réalisation personnelle et d'amour-propre. »

Le carriérisme, et beaucoup plus largement la mondanité, Jorge Mario Bergoglio les avait toujours conspués. Et ce serait les premiers coupables qu'il désignerait, dès son élection entérinée. À son tour, il inviterait les évêques réunis dans la basilique Saint-Pierre à se ressaisir. Il dresserait un réquisitoire féroce contre la tiédeur et la mondanité. « Le manque de vigilance rend tiède le pasteur, le rend distrait, oublieux et même indifférent. Il risque d'être séduit par la perspective d'une carrière, la tentation de l'argent et les compromis avec l'esprit du monde. Il devient paresseux et il est transformé en un fonctionnaire, un agent public plus préoccupé de lui-même, de l'organisation et des structures que du vrai bien du peuple de Dieu. On court alors le risque de renier le Seigneur : même si formellement on parle en son nom, on offusque la sainteté de la mère Église hiérarchique, en la rendant moins féconde. » Il leur indiquerait l'exercice qui les prémunirait de pareille tentation : « Laissez ouverts votre cœur, votre main et votre porte en toutes circonstances. » Il nommerait très précisément l'ennemi qui était entré dans la maison : Satan. « La liberté des évêques est assiégée de mille conditionnements internes et externes qui souvent suscitent la déception, la frustration, voire l'incrédulité. Et de ces attitudes, profite l'Ennemi, le Diable. » Quelques mois plus tard, en septembre, par la voie d'un entretien accordé à la revue jésuite *Civiltà cattolica*, il redonnerait un coup de fouet à son exhortation. Il parlerait sans détour : la conversion des clercs était l'étape préalable et indispensable à toute réforme. Aucune autre ne tiendrait si chacun éludait cette conversion : « Les réformes structurelles ou organisationnelles sont secondaires, c'est-à-dire qu'elles viennent dans un deuxième temps. La première réforme doit être celle de la manière d'être. Les ministres de l'Évangile doivent être des personnes capables de réchauffer le cœur des personnes, de cheminer dans la nuit avec elles, de savoir dialoguer et aussi de descendre dans leur nuit, dans leur obscurité, sans se perdre. Le peuple de Dieu veut des pasteurs et pas des fonctionnaires ou des clercs d'État. »

Mais ce matin-là, en gagnant la maison Sainte-Marthe, dans la solitude intérieure où il s'était enfermé avec Dieu, Jorge Mario Bergoglio songeait au courage qu'exige la Vérité, au courage de l'affronter, et à l'armure de bravoure que le successeur de Benoît XVI devrait revêtir pour livrer cette guerre, dont il ne pourrait se permettre de perdre aucune bataille.

XXIV

« Tous les matins, à l'aube, Mgr Bergoglio avait son rituel dans la cathédrale. Venez, je vais vous montrer. » Le père San Martín m'a entraînée dans l'austère et monumentale cathédrale métropolitaine, entre les travées toujours sombres et froides de cette église aux allures de temple grec, dressée sur la place de Mai. Il y avait quelques mois maintenant que Jorge Mario Bergoglio était devenu pape et, étrangement, quelque chose de lui flottait encore dans ces lieux qu'il avait fréquentés tous les jours de sa vie, depuis le 20 mai 1992, lorsqu'il avait été consacré par Jean-Paul II évêque auxiliaire de Buenos Aires. « Il allait prier devant l'autel de saint Joseph, le patron de l'église, sous la protection de qui il avait placé sa vie, puis devant l'autel de Notre-Dame de Luján, et celui de sainte Thérèse de Lisieux : lorsqu'il a un problème, il lui demande non pas qu'elle le résolve, mais qu'elle le prenne entre ses mains et l'aide à l'assumer, et il trouve toujours, dans la journée, une rose blanche qui l'assure qu'il a été entendu. Mais il y a une chapelle où il n'aurait jamais omis de se recueillir, c'est celle où se trouve la tombe du cardinal Antonio Quarracino, l'archevêque qui a su le reconnaître entre tous. » Il m'avait emmenée jusqu'au tombeau du cardinal, décédé le 28 février 1998. Ainsi, chaque matin, Jorge Mario Bergoglio priait pour le repos de son âme et lui disait, par-delà la mort, toute sa gratitude. Elle était immense, à la proportion des efforts que Quarracino avait déployés pour l'arracher à Córdoba et lui octroyer les moyens pour qu'il réalise son œuvre pastorale. Et lorsque, le 21 février 2001, il serait créé cardinal par Jean-Paul II, Mgr Bergoglio prendrait soin de dire sa première messe au jour anniversaire du décès de son bienfaiteur, pour que nul n'ignore ni n'oublie à qui il devait cette consécration.

Antonio Quarracino avait admiré le travail de Bergoglio au collège supérieur lorsqu'il s'y était rendu, en 1985, pour assister au congrès international de théologie que le recteur avait organisé. Il venait alors d'être fraîchement promu archevêque de La Plata, pour remplacer le sulfureux Antonio José Plaza, l'un des plus fervents soutiens de la dictature militaire, qui s'était enfin effondrée. L'admiration de Quarracino pour le prêtre jésuite, de treize ans son cadet, s'était ravivée à Córdoba. Il avait entendu parler des retraites spirituelles que le père Bergoglio organisait là-bas, et il était allé se rendre compte sur place du bien-fondé de cette réputation. De nouveau, il avait été surpris par l'autorité naturelle du père Jorge, qui n'effaçait jamais, pour autant, son humilité joyeuse.

Le journaliste Hector « Tito » Garabal, producteur de l'émission télévisée *Des clefs pour un monde meilleur* où Bergoglio intervenait chaque semaine, s'était souvenu de l'interview que lui avait accordée l'archevêque, après qu'il avait nommé Bergoglio évêque. C'était en mai 1992, et la nouvelle avait ébranlé l'ensemble de la communauté ecclésiastique de Buenos Aires. Tito Garabal informait le cardinal de l'extrême déroute des prêtres, qui ne comprenaient pas que l'archevêque soit passé outre les étapes traditionnelles de la hiérarchie : « Quarracino a légitimé son choix en louant, d'une façon très appuyée, les qualités de père Bergoglio. Il l'a décrit comme un très grand prêtre, un homme exceptionnellement intelligent, doté d'une formation intellectuelle exceptionnelle ; mais ce qui l'avait conquis et le plus impressionné chez Bergoglio, c'était qu'il avait rencontré un véritable homme de Dieu, un chef naturel, doué d'une grande habileté à la conduite des hommes, qui connaissait à fond la réalité du pays, qui était ferme dans ses décisions, et qui, en plus de cela, menait une vie de prière et d'ascèse. » Après les turbulences qu'avait vécues l'Église d'Argentine, Quarracino cherchait un auxiliaire sur qui s'appuyer en toute confiance – le diocèse de Buenos Aires est le plus grand d'Amérique latine, et la charge s'avérait pesante, même entouré des cinq autres évêques auxiliaires en titre. C'est qu'il était aussi président de la conférence épiscopale argentine et de la conférence générale du Conseil épiscopal latino-américain (le Celam). Il était maintenant certain d'avoir trouvé son homme en la personne du père Bergoglio, qu'il affublait d'un nouveau sobriquet – *el santito* – le petit saint.

Il se heurtait cependant à une difficulté de taille : le cinquième vœu que prononcent les jésuites, qui leur interdit toute carrière ecclésiastique hors de la Compagnie. Seules deux autorités avaient le pouvoir d'élever le père Bergoglio à la fonction d'évêque – le supérieur général des jésuites, qui était à l'époque Peter-Hans Kolvenbach, et le souverain pontife, s'il acceptait de le défaire de ce vœu. Alors, Quarracino avait invité à Córdoba le nonce apostolique, Mgr Ubaldo Calabresi, représentant du pape en Argentine, afin qu'il fasse connaissance avec ce prêtre providentiel et défende sa candidature à Rome. Il était convaincu qu'à son tour, le nonce éprouverait la même révélation. Pour préparer le rendez-vous, il avait même adressé une petite carte à la nonciature, pour souligner l'importance de ce recrutement, s'il avait lieu : « L'Église attend de grands services du père Bergoglio. » Quarracino n'eut pas à plaider davantage la cause de Bergoglio auprès de Calabresi. Les vives oppositions vinrent d'ailleurs.

Le très libéral Carlos Menem venait d'accéder à la présidence de la Nation, et il avait placé près du Saint-Siège, à Rome, l'ambassadeur Esteban Caselli. Rien ne pouvait déplaire davantage au gouvernement de Menem que l'irruption, dans la vie publique de l'Argentine, d'un homme réputé autant pour sa fermeté que pour sa prédication aux pauvres, pour son franc-parler et son incorruptibilité. Esteban Caselli s'était opposé de façon catégorique à la candidature de Bergoglio comme évêque devant Jean-Paul II. L'opposition farouche de l'ambassadeur ne faiblirait d'ailleurs jamais ; lors du conclave qui devait élire le successeur de Jean-Paul II, il soutiendrait fermement la candidature de Leonardo Sandri, l'autre cardinal argentin.

Il ne restait à Mgr Antonio Quarracino qu'un moyen d'écarter cet obstacle et d'obtenir que ses demandes réitérées soient entendues. Aller lui-même à Rome pour présenter sa requête à Jean-Paul II. Il fit donc le voyage et plaida si bien la cause du père

Jorge Mario Bergoglio – pourtant jésuite – que Jean-Paul II se laissa convaincre…

« Ils lui ont annoncé la nouvelle d'une façon incroyable », m'a raconté le père Ricardo Fiat, lors d'un déjeuner, en face de la cathédrale, où même la carte s'était mise au goût du pape (carrré d'agneau « François », saumon rosé « place Saint-Pierre », filet de bœuf « Humilité » et poulet « Bout du monde ») : « Un jour de mai, le 13 ! le nonce apostolique Ubaldo Calabresi a téléphoné à Bergoglio pour lui donner rendez-vous à l'aéroport de Córdoba. Il devait y passer quelques heures, le temps du retour de son avion de Mendoza. Il désirait interroger Bergoglio sur les aptitudes de certains prêtres candidats à l'épiscopat. Bergoglio avait obtempéré et calmement, entre deux sièges de la salle d'attente, il avait travaillé avec Calabresi. Et puis était venu le moment du départ. Les hôtesses appelaient les voyageurs à gagner la porte d'embarquement. Alors Calabresi s'était tourné vers Bergoglio et lui avait lancé, en lui disant au revoir : "Une dernière chose ! Vous avez été nommé évêque auxiliaire. Nous publierons la nouvelle le 20, vous pouvez faire vos bagages. Vous rentrez à Buenos Aires". » Et, effectivement, le 27 juin 1992, le père Jorge Mario Bergoglio recevait sa consécration épiscopale dans la cathédrale métropolitaine de la capitale fédérale, des mains du nonce Calabresi, en présence du cardinal Antonio Quarracino et de l'évêque de Mercedes-Luján, Emilio Ogñénovich.

XXV

Il y a deux ou trois choses que je sais de lui et que m'ont souvent répétées en Argentine ses amis, ses voisins, ses compagnons de séminaire, les jeunes prêtres qu'il a ordonnés ou encore les frères et sœurs, les neveux et les nièces de ceux qu'il a assistés dans l'épreuve ou la maladie. La veuve du père Jerónimo Podestá, ou son grand ami le rabbin Abraham Skorka qui a affiché, dans la synagogue – à Buenos Aires, on dit le Temple –, une grande photographie de Mgr Bergoglio au milieu de toute la communauté juive de Belgrano. Soledad, qui travaillait avec lui à l'archevêché, au 414 de Rivadavia. Les jeunes curés *villejos*, Jesus, de la Villa Once Quatorze, ou Carlos, de la Villa 21, qui avaient contracté la foi en entendant cet homme – un évêque ! – leur demander de prier pour lui. Sa sœur Maria Elena et son filleul, Jorge. Ou Daniele, qui tient le kiosque à journaux presque en face de l'entrée principale de la cathédrale, qui lui préparait son journal *La Nación* tous les matins et avec qui il échangeait ses délicieuses banalités pleines d'attentions sur la météo, la santé, la politique, ces échanges qui rendent les journées tellement plus douces. Et tout ce que racontent désormais les guides du « Papatour » qui entraîne les touristes dans Buenos Aires, depuis le 531, rue Membrillar où le pape est né et la petite place Herminia Brumana de Flores, où il jouait au *fútbol*, jusqu'à la basilique Notre-Dame de Luján, à quelque soixante-dix kilomètres de la ville. Il y a aussi les paroissiens de l'église de San Ildefonso où Mgr Bergoglio disait la messe le dimanche. Et encore les membres de l'association La Alameda, dédiée à la lutte contre la traite des personnes et l'esclavagisme du travail. Avec eux, chaque année, Mgr Bergoglio célébrait une messe place de la Constitution, pour les prostitués. « Nous ne sommes pas catholiques, a reconnu Lucas Manjon, le chef de file de l'association. Plutôt le contraire. Mais Jorge a fait de nous des bergoglistes convaincus ! » Il prenait sous son aile les plus fragiles, les plus menacés, comme Nancy Mino, cette femme policier de Mar del Plata, menacée de mort pour ses investigations dans un réseau de prostitution. Il est allé passer la nuit dans un bidonville, à côté d'un jeune prêtre menacé de mort par des narcotrafiquants, pour donner l'exemple du courage à ses voisins. Il a fait sortir de son atelier clandestin une immigrée sans papiers, Olga Cruz, et ses trois enfants, qu'il a baptisés et envoyés à l'école.

Ce qu'ils m'ont dit, tous, un peu en vrac, comme ça leur venait aux lèvres, et souvent dans un sourire ? Padre Jorge est silencieux, ou plutôt taiseux, attentif à l'extrême aux requêtes des autres. Aux gens qu'il rencontrait pour la première fois, il disait : « Bonjour. Je suis Jorge Bergoglio, curé, et très heureux de l'être. » Et quand il les quittait : « Priez pour moi. » Évêque, il a continué de se déplacer dans les transports en commun. Il a renoncé aux ors de la résidence épiscopale et il utilisait le magnifique bureau de l'archevêché comme dépôt pour les denrées collectées pour les Nuits de la charité qu'il avait instaurées en 2001. Enfant, il collectionnait les timbres ; adolescent, pour payer ses études, il faisait mille petits métiers – videur dans une boîte de nuit et balayeur pour une entreprise de ménages industriels. Son exemple a fait un émule dans sa famille ; son neveu, le fils de sa sœur Marta, a prononcé ses vœux et a intégré, lui aussi, l'ordre jésuite. Ses deux loisirs préférés, lorsqu'il en a le temps, restent la lecture et la musique. Il aime les écrivains argentins, Borges bien sûr, l'auteur du célèbre *Martin Fíerro*, mais encore la poésie de Hölderlin et toute l'œuvre de Dostoïevski. *La Divine Comédie* de Dante et *I Promessi Sposi* de Manzoni qu'il a lu quatre fois ; *Augustin ou le Maître est là* de Joseph Malègue, une épopée romanesque sur « la classe moyenne de la sainteté » ; la poésie de Gerard Manley Hopkins, prêtre jésuite et poète, et les livres de Léon Bloy. La musique qu'il aime écouter, il la trouve dans l'opéra italien, que sa mère lui a inoculé dans l'enfance, et chez Beethoven, tout particulièrement la *3e Symphonie*, sous la direction de Furtwängler. Et puis, qui lui poind le cœur, cette musique née dans le port de Buenos Aires, le tango et surtout la milonga.

De ses racines italiennes, et de ses parents, il lui est resté un penchant pour le bel canto, pour les films néoréalistes et pour le jeu de l'actrice Anna Magnani. Mais son film préféré reste *Le Festin de Babette*, parce qu'on assiste à l'irruption du bonheur et de la liberté chez des puritains attelés à leur tristesse quotidienne. Il a un sens de l'humour bien trempé. S'il déteste la vanité, il aime la mansuétude, et par-dessus tout la joie. À son propos, il évoque souvent la phrase de sainte Thérèse : « Un saint triste est un triste saint. » Son tableau préféré, c'est *La Crucifixion blanche* de Chagall, « l'une des plus belles qu'on ait peintes à mon goût » parce que la Passion de Jésus n'est pas cruelle, mais sereine et nimbée d'une lumière d'espoir.

À ceux qui lui demandaient quelle était la plus grande des vertus à ses yeux, il répondait « l'amour, et la mansuétude ». Elles président aux combats qu'il livrait dans la ville, contre la pauvreté, pour l'éducation et pour le dialogue interreligieux. Aux *Porteños* qui lui réclamaient sa recette, il disait : « Prendre sa vie à bras-le-corps et sa patrie sur les épaules. » Il détestait le gaspillage et la paresse. Lorqu'il avait été nommé archevêque, à la mort du cardinal Quarracino, et qu'on lui avait présenté la note du tailleur pour son nouvel habit, il avait demandé qu'on reprenne celui de son prédécesseur. C'est un sensible qui répugne à la sensiblerie, mais réclamait de Buenos Aires et de ses habitants qu'ils retrouvent le don des larmes. « Quand un pays, une ville, un individu ne savent plus pleurer, ils ne peuvent pas être un père ni une mère. » Ses critères de pensée étaient fondés sur quatre axiomes : « Le tout est plus que la somme des parties. » « L'unité peut toujours gagner contre le conflit. » « La réalité est plus déterminante que les idées ou ce qu'on en pense. » « Le temps prévaut sur l'espace. » Le temps prévaut sur l'espace ? Entendez, le spirituel sur le temporel. Il a son style aussi : la joie, et le sens de l'humour. Il aime faire la cuisine et il la fait bien. Il tenait les casseroles le dimanche, lorsqu'il était recteur du Colegio Maximo. Il avait ses spécialités : de gigantesques paellas, le porc braisé et un poulet à la crème et aux pommes de terre qui était la botte secrète de sa grand-mère.

Il sait dénoncer avec virulence, et publiquement : l'injustice. L'infidélité. La misère. Celle-ci, il l'entend au sens large – au-delà de la simple carence économique, il conspue la misère spirituelle qui contamine nos sociétés, frappe notre temps et conduit au désenchantement, dont l'Église n'est pas exempte. Il a le compromis en horreur et tout autant « l'homogénéisation de la pensée », le « pire des risques » à ses yeux. Il se bat pour le respect de chaque être humain, dans sa singularité, et son droit à s'accomplir dans sa vie, comme n'importe quel autre être humain. À recevoir une éducation plus que des subsides, une écoute plus que des leçons. Ce respect, il ne peut l'entendre que dans une vision œcuménique, dans les pas mêmes de François d'Assise, parti à la rencontre de Malek al-Kamil, le sultan qui régnait sur l'Égypte et la Palestine. François d'Assise, dont il avait fait placer le portrait dans la sacristie de la cathédrale métropolitaine, pour l'avoir sous les yeux chaque matin. D'ailleurs, à Buenos Aires, le rabbin Abraham Skorka a explosé de joie à l'annonce de l'élection, et avec lui les représentants de la diaspora argentine. Tout comme ceux de la communauté musulmane, présidée par Omar Abboud. Le 13 mars, un ami de Mgr Bergoglio s'est souvenu qu'un jour ces deux-là lui avaient dit que s'il était élu pape, ils lui demanderaient d'être ses garçons d'honneur.

Il n'est pas un quartier de Buenos Aires où on ne vous racontera pas les engagements concrets du nouveau pape. Sa façon de planter des chapiteaux devant les deux gares de la ville où des prêtres toujours présents accueillent les passants, les invitent à se confesser, leur proposent un maté, de l'aide, des adresses, leur amitié. « Cette façon missionnaire, me dit le père Jose San Martin, d'ouvrir l'église, de la pousser sur le chemin, d'aller chercher le contact avec ceux qui ne viennent plus à la messe, c'est la révolution de Mgr Bergoglio. » Sans rien en dire à personne, l'évêque s'éclipsait l'après-midi pour rendre visite aux prisonniers les plus retors du pays, aux enfants hospitalisés et au quart-monde entassé dans ses campements de briques. « C'est un homme qui toute sa vie a privilégié la rencontre directe et qui parle avec le souci permanent d'essayer de comprendre et de saisir son interlocuteur. Il ne cherche jamais à s'imposer mais bien plutôt à aider et à enrichir le sujet de la conversation », souligne Tito Garabal qui se souvient que tout le monde était touché par la complicité entre Mgr Quarracino et Mgr Bergoglio. « Sauf lorsqu'ils parlaient *fútbol*, ils ne défendaient pas le même club. » Tito Garabal se rappelle encore, comme d'hier, sa rencontre avec le père Jorge.

À cause de sa santé, Mgr Quarracino avait dû renoncer à ses rendez-vous hebdomadaires sur les ondes de la radio nationale. La question s'était posée de son remplacement. Quarracino connaissait très bien un moine bénédictin qui s'appelait Mamerto Menapace. Il pouvait lire et écrire des contes, aussi l'avait-on engagé. Mais quelques mois plus tard, force fut de constater une baisse d'écoute très importante. Les auditeurs et les téléspectateurs voulaient un pasteur, un curé qui les conseille, les entende et les éclaire. Dans un premier temps, la solution fut de programmer chaque semaine un des évêques du pays, mais personne n'était content. Les évêques, jugeaient les auditeurs, soit ne parlaient pas suffisamment des thèmes dictés par la lecture des Évangiles ou le calendrier liturgique, soit éludaient carrément les thèmes pastoraux, de peur de trop interférer avec l'actualité même. À la fin, ce fut donc au tout nouvel évêque de Buenos Aires que la proposition fut faite de tenir cette émission. « Bergoglio m'a donné rendez-vous à l'archevêché pour que nous discutions de tous ces points, et la première chose qui m'a frappé est qu'il n'utilisait pas le bureau officiel, mais celui qui, auparavant, était réservé au secrétaire du cardinal. Un lieu étroit aux murs nus. Pendant la discussion, il m'a expliqué qu'il ne lui paraissait pas opportun de tenir ces chroniques. Mais que s'il les tenait, il le ferait en privilégiant les différents thèmes pastoraux selon les secteurs auxquels ils pouvaient s'appliquer, en en déterminant les temps forts et les moments clés qui serviraient la communauté. Je me rappelle qu'il m'a précisé qu'au début de son cycle de lecture, il présiderait des messes où il pourrait énoncer son catéchisme sur l'éducation. Il gardait clairement en tête son calendrier : la fête de saint Joseph, en mars, et de saint José Obrero, le 1er mai, seraient les dates consacrées à la figure du père et l'occasion d'acclamer la notion de travail et la culture du travail depuis le magistère de la doctrine sociale de l'Église. De son côté, il emploierait la fête de San Cayetano (patron des travailleurs en Argentine) pour parler de la dignité du travail, pendant qu'il convoquerait les enfants durant le mois d'août, et les jeunes une fois par an, en octobre, dans la basilique Notre-Dame de

Luján. Quant au monde politique, il lui réserverait le *Te Deum* du 25 mai, jour de fête nationale argentine. » Tito Garabal, de son propre aveu, était sorti un peu étourdi de cette séance de travail. Mais ses doutes, s'il en avait eu, s'étaient vite envolés.

Mgr Jorge Bergoglio avait remporté un succès immédiat, et considérable !

XXVI

Une bonne partie du clergé *porteño* s'était sentie blessée de la nomination de Bergoglio. Un simple curé de congrégation religieuse, qui n'avait jamais officié à Buenos Aires ! Et pourquoi lui ? Beaucoup espéraient cette affectation et il semblait évident qu'elle aurait dû revenir à un curé du clergé séculier. Quelle ambition manifesterait ce jésuite, ancien provincial ? Mais quelques mois plus tard, le courroux s'était apaisé. À cinquante-deux ans, Mgr Bergoglio se montrait bien plus intéressé par l'avenir des prêtres qui dépendaient de lui, par leur confort spirituel et les moyens de leur apostolat, que par les fastes et les avantages attachés à sa charge. Petit à petit, il avait commencé à établir une relation paternelle avec chacun d'eux et à s'imposer, sans effort, sans contrainte, comme leur directeur de conscience. De retour à Buenos Aires, il avait sacrifié à la tradition : un nouvel évêque, fût-il auxiliaire, avait sa devise. Il n'avait pas hésité. Ce serait *Miserando atque Eligendo.* Il est difficile de traduire littéralement cette maxime latine, qu'il avait choisie chez saint Bède le Vénérable, moine lettré du VIIe siècle. Dans une de ses homélies, celui-ci avait commenté le passage de l'Évangile qui racontait la vocation de saint Matthieu – cet épisode que Jorge Mario Bergoglio aimerait tant contempler sous le pinceau du Caravage, dans l'église Saint-Louis-des-Français de Rome. Il avait écrit : « *Vidit ergo Iesus publicanum et quia miserando atque eligendo vidit, ait illi Sequere me.* » (« Jésus vit un publicain et, tout en le regardant et en le choisissant avec amour, il lui dit : "Suis-moi". ») Et dans cette formule du moine, le jeune évêque avait aimé ce double gérondif, et le mouvement qu'il donnait aux verbes aimer et élire. Comment mieux traduire le sentiment que son confesseur, le père Duarte, lui avait communiqué dans le printemps de sa jeunesse ? Ainsi, de la même façon qu'il retournait prier, chaque année, dans l'église où il avait été baptisé, il rendait grâce à cette élection qui avait transformé sa vie. Nul essoufflement dans sa vocation, nul ressentiment après l'exil de Córdoba. Il s'était senti choisi et aimé, et rien, dans cette prescience de son destin, ne s'était corrompu en lui. Il le redirait d'ailleurs, de toute sa nouvelle autorité pontificale, le 31 octobre 2013 : celui qui se sent regardé par le Seigneur, aimé par le Seigneur et aimé jusqu'à la fin devait ressentir la certitude de Paul, qu'il évoquerait dans cette même homélie : « Rien ne pourra nous séparer de l'amour de Dieu qui est en Jésus-Christ Notre Seigneur (Rm 8, 31b-39). Paul aimait tant le Seigneur – qui avait changé sa vie –, il disait que rien ne pouvait le séparer de son amour. Cet amour du Seigneur était le centre, le centre de la vie de Paul. Dans les persécutions, dans les maladies, les trahisons, tout ce qu'il a vécu, toutes ces choses qui sont arrivées dans sa vie, rien de ceci n'a pu l'éloigner de l'amour du Christ. » Pape, sous le nom de François, Jorge Mario Bergoglio ne changerait pas de devise. Il se contenterait d'ajouter, avec le christogramme des jésuites et celui des souverains pontifes, le soleil du drapeau argentin et la fleur de nard – qui était, sous le ciel austral, le lys de la Vierge, celle de Notre-Dame de Luján, la sainte patronne de l'Argentine.

Enfin, il n'était temps pour personne d'avoir des états d'âme. Le continent sud-américain devait préparer le cinq centième anniversaire de son évangélisation et le pape Jean-Paul II avait demandé à l'épiscopat d'élaborer une évangélisation nouvelle dans son ardeur, dans ses méthodes et dans son expression. Le corps ecclésiastique s'était attelé à relever ce défi. En mai 1988, tandis que Bergoglio vivait son exil de Córdoba, les évêques avaient lancé une large étude, « La Consultation du Peuple de Dieu », destinée à déterminer la situation de l'Église et les attentes des fidèles. En vérité, cette grande enquête avait suscité peu d'enthousiasme dans la hiérarchie. La communauté ecclésiale ne s'était pas encore remise de ses luttes intestines, et les disparités étaient criantes d'un évêché à l'autre. Quelque soixante-dix mille personnes répondirent aux questionnaires de la Consultation du Peuple de Dieu. Et le constat était édifiant : la grande majorité des fidèles reprochaient à leurs prêtres un défaut de témoignage chrétien et un très faible esprit apostolique ; ils réclamaient des paroisses plus ouvertes, investies et missionnaires. À partir de ce document, l'épiscopat, réuni en une assemblée plénière qui se voulait en harmonie parfaite avec les attentes de Jean-Paul II, définit les deux grandes lignes de la nouvelle pastorale – lutter contre le sécularisme et œuvrer pour une justice sociale, celle-là même que la politique de Carlos Menem mettait largement à mal.

C'est dans ce contexte que l'évêque auxiliaire Bergoglio avait pris possession de ses paroisses. Il en avait une cinquantaine sous son autorité, dans les quartiers les plus populaires de la capitale. Parmi elles, il y avait celle de Flores, son quartier bien-aimé. Il s'y était aussitôt installé. Il occupait un petit appartement dans un vieil immeuble de deux étages, au 581 de la rue Condarco. Il ne se lassait pas du bonheur de s'y réveiller chaque matin. Il retrouvait ses racines, son oxygène, et toute sa vitalité. Flores était devenu le cœur du réseau qu'il parcourait sans relâche, d'une église à l'autre, d'une maison de retraite à une institution religieuse. Il assistait aux messes, retrouvait les curés dans la sacristie, prenait un maté avec eux. Il commentait leurs homélies, encourageait leurs initiatives dès qu'ils ouvraient grand les portes, s'inscrivaient dans la vie de leur quartier. Il était avec eux, au milieu d'eux. Il leur donnait son tempo : « Toujours marcher à la lumière du Seigneur ; construire l'Église ; confesser Jésus-Christ. » Il avait ouvert une ligne téléphonique qui les tenait en relation entre eux, de façon qu'ils puissent partager leurs inquiétudes mais aussi leurs recours, leurs encouragements. Grâce à ce numéro de téléphone, les ecclésiastiques pouvaient toujours le joindre, où qu'il soit, et alors il accourait.

Les riverains des quartiers qu'il avait sous sa juridiction finirent par se familiariser avec sa silhouette, avec son grand imperméable noir par-dessus sa soutane et ses vieilles chaussures impeccablement cirées. Ils n'en crurent pourtant pas leurs oreilles lorsqu'ils apprirent que ce curé qui prenait le métro avec eux, marchait plutôt que de prendre un taxi, sirotait son maté avec les retraités assis sous les grands arbres des avenues, refusait qu'on l'appelle autrement que « Mon père » ou « Monsieur le curé », cet homme était leur évêque ! C'est ainsi que petit à petit, Bergoglio s'était s'imposé dans leur paysage et, comme s'il n'avait jamais été, effectivement, rien de plus qu'un simple curé, il serrait les mains, répondait aux demandes, et proposait toujours une solution concrète à leurs problèmes, sans rien exiger en retour. Spontanément, ils furent de plus en plus nombreux à l'aborder dans la rue, pour lui demander, sans plus de cérémonie, qu'il les confesse, ou les bénisse. Il était ce pasteur au milieu des brebis qu'il donnerait en exemple aux prêtres de la curie romaine. « Il était doué d'une intelligence pragmatique hors pair », me confiait Roberto Sosa Gonzalez, jeune prêtre que Bergoglio avait ordonné. « Il avait calculé que si les gens n'acceptaient pas de faire plus de cent mètres pour aller à la messe, et puisque les églises étaient distantes de cinq cents mètres, alors il fallait ouvrir des accueils entre les deux. “L'Église doit sortir, aller dans la rue, à la rencontre des gens. Elle doit s'ouvrir ! Est-ce que Notre Seigneur rechignait à aller à la rencontre de ses contemporains ?” nous répétait-il. Et ces foyers, nous les avons ouverts. »

À Rome, il n'abandonnerait pas sa détermination à jeter des ponts vers les « non-citadins », les « restes urbains » qu'il avait encore rencontrés dans les favelas de Rio, lors des Journées mondiales de la jeunesse.

C'est à eux qu'il songerait en rédigeant son *Évangile de la Joie*. À eux qu'il confierait son espoir d'évangéliser nos cœurs. Il demanderait à Mgr Konrad Krajewski, chef de l'Aumônerie apostolique, de partir dans les rues de la Ville éternelle pour porter assistance aux mendiants, aux clochards, à toutes les âmes en peine qui dormaient à même le pavé. Il enverrait avec lui la Garde suisse. « Je ne veux pas te voir derrière moi lors des célébrations. Je veux te savoir toujours parmi les gens. Tu devras être le prolongement de ma main pour porter une caresse aux pauvres, les déshérités et les derniers. À Buenos Aires, je sortais souvent le soir pour aller voir mes pauvres. Aujourd'hui, je ne peux plus le faire : il m'est difficile de sortir du Vatican. Alors tu le feras pour moi. Tu seras le prolongement de mon cœur qui les atteint et leur apporte un sourire et la miséricorde du Père céleste », lui avait-il dit. Parfois même, avait-on appris que, n'y tenant plus, le pape faisait le mur du Vatican pour caresser lui-même, de cette caresse de Dieu.

XXVII

Le monde changeait autour de lui, d'une façon rapide et presque insaisissable. Les classes populaires et moyennes accusaient fortement les effets de la politique ultralibérale de Menem ; des familles en plein désarroi se voyaient contraintes d'abandonner leurs maisons, toutes connaissaient un douloureux déclassement. Jorge Mario Bergoglio rencontrait de plus en plus souvent, dans les rues, des mères angoissées, des pères de famille au chômage. La douceur de son quartier semblait s'évanouir. On commençait à relater des cas d'agression, de vols à l'arraché, des cambriolages, et cette capitale sud-américaine qui s'enorgueillissait d'être la plus sûre contractait les maux de ses lointaines voisines brésiliennes ou mexicaines. C'était le temps du *uno por uno*, un peso valait un dollar, et les prix flambaient. Il assistait à cette dépossession inexorable, à l'appauvrissement de ces gens qui étaient le sang et la force de Buenos Aires, pendant que de l'autre côté de la ville, les silos historiques de Puerto madero, de briques sombres et de fer, étaient restaurés à grands frais. Des restaurants chics et des boutiques rutilantes fleurissaient. Sur le no man's land qui séparait le centre financier des bassins du port, où rouillaient les rails d'un chemin de fer en désuétude, Jorge Mario Bergoglio voyait des immeubles de verre pousser comme des champignons. Les capitaux étrangers affluaient – Menem vendait l'Argentine. Un fossé profond, plus profond chaque jour, se creusait entre les deux populations, les riches de plus en plus riches, et les pauvres de plus en plus pauvres.

Et avec cela, profitant des turbulences économiques, la corruption gangrenait l'économie – il voyait s'instaurer une pratique chronique du pot-de-vin et des fausses factures, dont Jorge Mario pouvait témoigner. Il a raconté l'anecdote à son ami Abraham Skorka : « Un jour, deux fonctionnaires officiels de l'arrondissement de Flores sont venus me voir pour m'apporter, me dirent-ils, des subsides pour les quartiers défavorisés. Ils se sont présentés comme de bons catholiques et, au bout d'un moment, ils m'ont offert quatre cent mille pesos, c'est-à-dire quatre cent mille dollars. J'ai trouvé cela très étrange. Je leur ai demandé comment ils concevaient le projet et ils m'ont dit que sur les quatre cent mille pesos dont je signerais le reçu, deux cent mille seulement me seraient versés. J'ai trouvé un biais pour me sortir de cette chausse-trappe : puisque les curés ne bénéficiaient pas de compte en banque ni de carnet de chèques, mes interlocuteurs devaient déposer l'argent directement à la curie, qui hélas n'acceptait les donations que sous la forme de chèques, ou assorties du certificat de la banque d'où ils avaient retiré l'argent. Ils ont disparu et je ne les ai jamais revus. Mais je me suis dit que si ces gens avaient surgi avec cet aplomb pour me faire cette proposition, sans autre préambule, c'est qu'il devait exister un curé, ou un religieux, qui s'était prêté à cette combine. » La *trampa* se généralisait. Une économie parallèle, vaguement mafieuse, faite de petites combines gangrenait les esprits. Que dire ? Comment inciter à la vertu les petits qui souffraient, quand les gros, et l'État au premier chef, donnaient un contre-exemple ?

Au cours de ces années quatre-vingt-dix, pendant lesquelles Mgr Bergoglio s'était vu confier les fonctions de vicaire général, le 21 décembre 1993, la capitale fédérale avait dû s'adapter à un autre problème : l'afflux massif de vagues d'immigrés paraguayens, qui échouaient dans les périphéries nord-ouest de la ville. Indiens Guaranis ou petits paysans chassés de leurs terres par une politique de déforestation massive pour cultiver la manne nouvelle – le soja –, ils étaient venus en Argentine, dont les médias vantaient l'essor économique, tenter leur chance. Les banlieues où ils avaient posé leurs sacs relevaient de l'autorité sacerdotale du père Jorge. Il découvrit avec effroi que le cauchemar qui l'avait saisi, au Chili, à la vue des bidonvilles de Victoria, se répétait sous son ciel. Des hommes et des femmes se heurtaient à des portes closes, se résignaient, et alors s'enfermaient de leur plein gré dans des ghettos. Aidé de Caritas, il avait investi l'Église tout entière dans ce combat contre les effets secondaires de la précarité. « C'est à cette occasion que j'ai rencontré le père Bergoglio », a raconté le « padre Pepe », devenu la figure emblématique des curés *villejos*. De la même façon qu'il avait entraîné les jeunes séminaristes du Colegio Maximo, Mgr Bergoglio s'était mis en tête d'armer spirituellement des brigades de jeunes prêtres pour assurer un lien social dans les *villas*. Les deux religieux s'étaient immédiatement entendus et Bergoglio avait demandé à Antonio Quarracino de créer une nouvelle paroisse, au cœur même du bidonville Veinte-uno, dans le quartier de Barracas ; puis d'en nommer curé le père Di Paola, « padre Pepe ». « C'est ainsi qu'est née la paroisse de Caacupé. Pour qu'ils ne perdent pas leurs racines ni leur ferveur religieuse, Bergoglio a implanté en Argentine une antenne du sanctuaire marial le plus cher au cœur des Paraguayens. » À Caacupé, une statuette de la Sainte Vierge, sculptée par un Indien au XVIe siècle, avait acquis la réputation de faire de nombreux miracles. Sa fête, le 8 décembre, donnait lieu à d'énormes pèlerinages, suivis avec une immense ferveur populaire. Jorge Mario Bergoglio eut l'idée d'envoyer au Paraguay un petit groupe de fidèles, pour qu'ils aillent chercher une copie de la statue et l'apportent à la cathédrale métropolitaine. Il gardait toujours à l'esprit le mot de Jean-Paul II : « Une foi qui ne devient pas culture est une foi qui n'est pas accueillie pleinement, qui n'est pas entièrement pensée ni fidèlement vécue. » Le 23 août 1997, la Villa 21 tout entière s'était rendue place de Mai, pour la recevoir des mains de l'évêque. Puis ils l'avaient ramenée, en procession, à pied, à la *villa*. « Je marchais avec les gens, certain que l'évêque était resté dans la cathédrale, mais sans rien dire, il s'était glissé parmi nous et, le rosaire à la main, il a marché jusqu'à Barracas en récitant ses *Ave Maria*, comme n'importe quel Paraguayen. » Ce pèlerinage avait donné lieu à une fête magnifique, à des réunions de famille, à des libations joyeuses. On dansait, on chantait comme au Paraguay et Jorge Mario Bergoglio exultait. Quelque chose du lien naturel entre hommes et femmes, qui se fréquentent depuis des années et connaissent l'histoire de leurs familles, et qui s'était désagrégé dans leur départ, se recréait ici. Et, songeait-il, tant que ce lien existait, tant que la société reposait sur ces cellules familiales, solidaires entre elles, alors l'espérance en un avenir meilleur restait possible.

Il tenait plus que tout à cette culture de la famille. Dans ses homélies, il exhortait les fidèles à consolider les relations entre les générations. Il se montrait extrêmement attentif à la préparation des grandes fêtes religieuses. Et toujours, il encourageait les traditions, parce qu'elles ravivaient cette langue commune que parlaient les gens d'un même pays, d'une même terre, et qui les constituaient. Il ne cessait de le répéter aux enfants et aux jeunes couples, s'inquiétant de leurs parents, des soins qu'ils leur portaient. Mais ses incitations au dialogue et à la transmission, il les servait aussi aux plus âgés, qui devaient tenir leur rôle dans l'éducation des plus jeunes. Il le redirait d'ailleurs, presque immédiatement après son élection, dans un discours prononcé le vendredi 15 mars devant les cardinaux : « Chers frères, allez ! La moitié d'entre nous avons un âge avancé : la vieillesse est – j'aime le dire ainsi – le siège de la sagesse de la vie. Les vieillards ont la sagesse d'avoir cheminé dans la vie, comme le vieillard Siméon, la vieille Anne au Temple. Et justement, cette sagesse leur a fait reconnaître Jésus. Donnons cette sagesse aux jeunes : comme le bon vin, qui avec les années devient meilleur, donnons aux jeunes la sagesse de la vie. Il me vient à l'esprit ce qu'un poète allemand disait de la vieillesse : *"Es ist ruhig, das Alter, und fromm"* : "C'est le temps de la tranquillité et de la prière." Et aussi de donner aux jeunes cette sagesse... »

Le père Favero, curé de Notre-Dame de la Merced, à Lomas de Zamora, une petite ville de l'intérieur du pays, a témoigné du service rendu à son ancien camarade de séminaire. Bergoglio lui avait demandé s'il pouvait retrouver la tombe de son arrière-grand-mère maternelle, Maria. Il avait six mois lorsqu'elle était morte à Alcorta, une petite ville de l'Intérieur – comme les *Porteños* appelaient le cœur du pays – où l'un de ses fils était employé comme terrassier. On n'avait pas pu rapatrier son corps et il avait fallu l'enterrer sur place. Et cette idée qu'elle reposait loin des siens avait toujours profondément attristé Jorge Mario. « Ne t'inquiète pas, Padre ! avait promis son ami. Je m'en occupe. » Il avait fait les recherches et réuni les papiers nécessaires, et quelques semaines plus tard, il apportait l'urne funéraire de Maria De Bergoglio à son ami, à la cathédrale. « L'idée que son arrière-grand-mère, qu'il n'avait pas connue, avait enfin rejoint les siens, dans le caveau familial du cimetière de Chacarita, l'avait rendu incroyablement heureux. »

Le 3 juin 1997, lorsque Mgr Quarracino avait rendu publique l'annonce de sa nomination comme coadjuteur, seuls quelques membres de l'Église avaient été étonnés. Pour la population de Buenos Aires, cette progression hiérarchique était méritée. Du moins, pour ceux qui en avaient eu connaissance. À son habitude, Mgr Bergoglio ne modifia rien de son train de vie, toujours le même, le plus humble possible, le plus économe possible des moyens qu'il préférait réserver aux nécessiteux. Plus tard, dans la paroisse de Flores, personne ne serait surpris d'apprendre qu'à Rome « leur » souverain pontife sortait la nuit, en cachette, pour réconforter des sans-abri, encourager les services sociaux, se faufiler dans un asile de vieillards ou entrer subrepticement dans une église, s'agenouiller au dernier rang et prier. L'archevêque Konrad Krajewski, « aumônier de Sa Sainteté », le confirmerait, à demi-mot.

Sans doute Mgr Quarracino craignait-il son refus – il le mit presque devant le fait accompli –, ou ne se lassait-il pas de le surprendre. Bergoglio s'est plu à raconter l'événement à Ambrogetti et Rubin : « Au milieu de la matinée du 27 mai 1997, le nonce apostolique, Ubaldo Calabresi, m'a téléphoné pour m'inviter à déjeuner. Au moment du café, je l'ai remercié de son invitation et j'allais prendre congé, quand le serveur est arrivé avec un gâteau et une bouteille de champagne. J'ai cru que nous fêtions son anniversaire et je l'ai félicité. "Non ! Non, ce n'est pas mon anniversaire, m'a-t-il dit avec un grand sourire. L'événement que nous fêtons, c'est que vous êtes le nouvel évêque coadjuteur de Buenos Aires !" » L'implication de cette nomination était considérable. Elle signifiait que l'archevêque en titre de Buenos Aires le désignait comme son successeur. Plus encore, elle entraînait l'inscription de Jorge Mario Bergoglio sur la liste des futurs cardinaux – autant dire, dotés du pouvoir d'élire le pape, ou d'être élus par eux. Une fois de plus, cette désignation heurtait beaucoup de prélats. Il était dans la coutume que le coadjuteur exerce son apostolat dans plusieurs évêchés avant d'accéder au plus haut degré de la hiérarchie épiscopale. Mais Antonio Quarracino l'avait annoncé dans sa lettre à Ubaldo Calabresi, cinq années auparavant – il attendait beaucoup du *santito* pour l'avenir de l'Église, et il restait fidèle à son intuition, ou à ce que lui soufflait l'Esprit-Saint. Il voulait lui donner tous les moyens en son pouvoir d'intervenir pour l'honneur de Dieu. Et il y était parvenu. Le 21 février 2001, à Rome, Jean-Paul créerait cardinal Jorge Mario Bergoglio, au titre cardinalice de l'église de San Roberto Bellarmino.

XXVIII

Ceux qui, mesquinement, avaient imaginé que l'archevêque se prêterait aux fastes de sa fonction en furent pour leurs frais. Mgr Bergoglio refusa de s'installer à la résidence épiscopale, dans le quartier de Olivos, où se trouvait aussi celle du président de la Nation, à plus d'une heure du centre. Il offrit à des nécessiteux la voiture officielle et trouva un autre emploi au chauffeur. Il installa une petite chambre à l'archevêché qu'il meubla à la façon d'une cellule monastique, et il prit, pour travailler, le bureau du secrétaire. La grande pièce officielle, réservée au prélat, il en fit un dépôt pour tout ce qu'il avait besoin d'engranger pour ses bonnes œuvres. Enfin, à Pâques, il délégua à ses évêques la célébration de la messe dans la cathédrale métropolitaine, pour aller la dire à l'aumônerie d'un hôpital spécialisé dans les maladies infectieuses, où il venait de laver les pieds de douze malades du sida. Les années suivantes, il fêtait Pâques dans la prison de la Villa Devoto, puis dans un foyer pour sans domicile fixe, il lava les pieds de douze *cartoneros* place de la Constitution, et ceux de jeunes drogués en cure de désintoxication. Il s'était souvenu de ce que lui avait dit son ami, Gerardo García Helder, qui avait fondé, dans les années soixante-dix, l'Association pour la miséricorde et la compréhension : « La plus grande douleur des victimes du sida vient de ce qu'ils se sentent marqués au rouge, jugés, marginalisés, disqualifiés et abandonnés par une grande partie de la société, mais surtout par l'Église. »

Mgr Bergoglio ne recherchait aucune notoriété particulière, il mettait en actes ce qu'il recommandait à ses jeunes prêtres – investir les périphéries de la ville et de la société. Servir et se mettre au service. « Travaillez de personne à personne, surtout avec les jeunes qui tombent dans le drame de la drogue, certains ont besoin d'une thérapie, d'autres d'être hospitalisés. Ce sont toujours des réalités différentes, on n'aborde pas de la même façon un jeune livré à lui-même et un jeune en couple... » Il leur demandait de donner l'exemple d'un chemin nouveau « d'humilité, de simplicité, pour que les gens aient un désir d'Église et que l'Église leur fasse du bien ». Pour cela, il leur rappelait les paroles du Christ : « J'avais faim et tu m'as donné à manger ; j'avais soif et tu m'as donné à boire ; j'étais malade et tu m'as rendu visite ; j'étais en prison et tu es venu me voir. Jésus nous le demande à tous, et il le demande avant tout à l'évêque, qui est le père de chacun. » Il croyait fermement en une sorte d'artisanat de la pratique évangélique – le geste adapté à chacun, la parole choisie pour chaque demande, fruits d'une écoute attentive. La prédication au cœur du troupeau. Sa façon gagnait les cœurs. Ainsi, le 12 octobre 1998, au lieu même où Jean-Paul II avait célébré une messe lors de sa visite en Argentine, en 1982, sur l'esplanade du Monument aux Espagnols, le « père » Jorge Mario confirmait dans leur foi treize mille adultes et huit mille deux cents enfants, lors d'une messe en plein air qui avait réuni quatre-vingt-dix mille personnes. Ainsi, il continuait d'incarner de façon éclatante la définition qu'il donnait de l'évêque. Ce serait d'ailleurs le thème de réflexion du synode que convoquerait Jean-Paul II, en septembre 2001 – le rôle de l'évêque au service de l'espérance. Il avait été convenu que le rapporteur général de cette assemblée générale serait l'évêque de New York, Edward Egan, mais les attentats du « Nine Eleven » avaient rappelé l'Américain dans sa ville. Le souverain pontife avait alors nommé Jorge Mario Bergoglio pour le remplacer. C'est ainsi que ses pairs entendirent pour la première fois le prélat argentin dessiner à traits convaincus la silhouette idéale de cette figure, qu'il jugeait essentielle dans la capacité et la volonté du monde à se ressaisir. Et c'est bien sa voix qui timbre le compte rendu des débats : « La force de l'Église est la communion, sa faiblesse est la division. Au moyen de cette force, l'évêque cherche à se rendre disponible pour Dieu, conscient d'avoir été appelé à être un homme saint et diligent. Seul l'évêque qui est en communion avec Dieu peut être au service de l'espérance. [...] Il est appelé à être un saint. L'ordination épiscopale n'est pas un simple acte juridique, par lequel une plus large juridiction est accordée à un prêtre, mais une action du Christ qui, en donnant l'Esprit du sacerdoce suprême, sanctifie celui qui va être ordonné au moment où il reçoit le sacrement et qui, ainsi, lui apporte tous les secours de la grâce dont il a besoin pour l'accomplissement de sa mission et de ses tâches. Il en résulte que chaque évêque se trouve sanctifié dans et par l'exercice de son ministère. Tout évêque doit être un modèle de vie sainte pour les fidèles. [...] Enfin, la vie sainte de l'évêque est un "témoignage" (*martyrion*) qui, offert au Christ, recherche avec humilité une identification mystique avec le bon pasteur qui donne sa vie pour ses brebis (cf. Jn 15, 13). La pauvreté est l'un des traits de la sainteté de l'évêque. Homme au cœur de pauvre, l'évêque est à l'image du Christ pauvre ; il l'imite en étant pauvre avec discernement. Sa simplicité et sa vie austère lui confèrent une liberté totale en Dieu. [...] Il est au service de la communion dans le monde : l'Église est le petit troupeau qui doit constamment sortir de lui-même pour la mission ; et l'évêque, homme d'Église, sort aussi de lui-même pour annoncer Jésus-Christ au monde. Il est un pèlerin, il s'exprime avec des gestes parlants. [...] Il incarne la proximité de l'Église avec les hommes de notre temps, dans la radicalité du témoignage à Jésus-Christ. »

XXIX

On le disait taiseux. Impénétrable. Fermé au monde qui ne parlait pas couramment le *porteño* – certains l'appelaient « *Guia T* », comme le guide des bus de la ville. Lorsqu'il était recteur, ses adversaires l'avaient même surnommé « la Joconde », ou « Mona Lisa ». C'est qu'ils ne saisissaient pas l'homme derrière le sourire énigmatique, les desseins derrière son choix radical pour le peuple alors que les honneurs pleuvaient sur lui. Il continuait sa vie d'avant. On s'était habitué. Somme toute, Jorge Mario Bergoglio n'était pas dangereux. Il n'avait pas d'ambition. Il n'était pas du sérail et n'en avait pas les clés. Le 13 octobre 1998, quelques mois après sa nomination, un article de *La Nación* faisait part du sentiment général à son endroit : « La façon de gouverner de Mgr Bergoglio est marquée par son style pastoral, et sa réticence aux annonces intempestives. » L'archevêque de Buenos Aires était décrit comme un curé sans carrure. On s'endormit sur ses lauriers.

On le découvrit, dans toute la force de son caractère, et de façon éclatante, le jour du *Te Deum*, lors de la grand-messe qui couronnait la fête nationale, chaque 25 mai. Cette année 1999, Carlos Menem était parvenu au terme de son deuxième mandat et la Constitution lui interdisait de se présenter une troisième fois. Le pays, à nouveau, traversait d'énormes turbulences – la parité absolue entre le dollar et le peso, qui avait été choisie pour sortir l'économie de l'inflation galopante, se retournait désormais contre lui. Le miracle argentin s'était avéré un cauchemar pour la classe moyenne et un enfer pour les pauvres.

Dans la cathédrale métropolitaine, remplie de tout ce que le pays comptait de figures politiques, artistiques, d'hommes d'affaires et de femmes du monde, installés autour du président Menem et de son chef de gouvernement Fernando de la Rúa, on attendait l'homélie de l'archevêque avec un brin d'ennui, certain d'avoir droit à un développement théologique sur la grâce ou l'histoire de la Nation. À la stupéfaction générale, on vit Mgr Bergoglio, du haut de sa chaire, fixer du regard Carlos Menem et sa suite présidentielle, et leur lancer non pas une homélie, mais un sermon sévère. D'emblée, il s'était mis à pointer l'orage qui grondait à l'horizon, dans l'indifférence criminelle des responsables politiques. Il avait annoncé « les conflits qui guettent la société, dans une Argentine où tous n'ont pas leur place à table, où seul un petit monde en profite, où le tissu social se délite, où les fossés s'élargissent quand les efforts devraient se conjuguer. Si rien n'est fait, alors notre société s'effondrera ». Il avait pris à partie, directement, sans gants, sans euphémisme ni litote, la classe politique obstinément aveugle aux problèmes et incapable de les affronter. « Étant donné la fatigue et la désillusion, il semblerait qu'on ne puisse opposer que de tièdes revendications, un vague moralisme et des principes abstraits aux dépens de la réalité. » Il avait conspué le désengagement du pouvoir, son incitation à ne vouloir vivre que le moment présent, dans une frénésie de surconsommation.

Jorge Bergoglio s'était enfin déclaré. Il allait, chaque fois que possible, réaffirmer sa détermination. « Face à une économie de marché capricieuse, froide et calculatrice, l'Église ne pouvait pas rester à sucer son pouce ! » exhortait-il au mois de juillet suivant. Il ne voulait plus laisser les politiques défaillants en paix. Il voulait harceler leur conscience. Il avait accusé Fernando de la Rúa, qui avait succédé en décembre 1999 à Carlos Menem, d'être tombé dans le néfaste travers de la suffisance et, de là, dans la vanité et dans l'orgueil. Il lui avait rappelé que « gouverner, c'est servir chacun des frères qui forment notre peuple ». De messe en homélie, tandis que le système sombrait « dans un immense cône d'ombre, celle de la défiance », l'archevêque appelait les gouvernants à la conversion et aux réformes profondes. Le peuple souffrait, pourquoi ne voulaient-ils pas l'entendre ?

On saisit mal, en Europe, et en France encore moins qu'ailleurs, l'immixtion d'un homme d'Église dans les affaires de l'État. On le supporterait encore moins s'il advenait que le primat des Gaules ose rappeler à l'ordre nos politiques. Mais l'Église argentine avait ses particularismes, qui distinguaient son style pastoral de toutes les autres. Ainsi, elle était l'un des rares pays latino-américains à n'avoir pas séparé l'Église de l'État. Pour beaucoup, il s'agissait d'un archaïsme. La modernité ne s'accompagnait-elle pas nécessairement de la séparation des sphères sacrée et profane ? Et pourtant, l'Argentine, bien qu'au rang des pays les plus modernes du continent sud-américain, ne s'était jamais décidée à ce divorce. Elle s'enorgueillissait même d'avoir échappé à l'extraordinaire violence des relations entre l'Église et l'État qu'avaient connue le Mexique et la Colombie, qui avaient dégénéré en véritables guerres civiles. D'autres pays, comme ceux d'Amérique centrale, n'étaient pas parvenus à de telles extrémités mais leurs relations avec l'Église avaient toujours été virulentes. Ce n'est pas qu'en Argentine les voix réclamant la séparation aient manqué, mais elles n'étaient jamais parvenues à s'imposer, malgré l'exemple que donnaient ses voisins. Le Brésil avait opté pour la séparation de l'Église et de l'État en 1880, l'Uruguay en 1919 et le Chili, avec le consentement d'une partie de la hiérarchie épiscopale, en 1925.

Il est difficile de mettre en avant une seule raison qui explique cette singularité. Était-ce une question de richesse ? Les libéraux mexicains avaient vu dans les énormes propriétés rurales de l'Église un obstacle au développement du pays. En Argentine, l'Église n'avait jamais été la détentrice de grandes richesses. Les terres, à profusion, avaient suscité peu de convoitise, et l'Église s'était focalisée sur ce qui préoccupait les élites : comment pacifier un pays déchiré par les guerres civiles, comment gouverner une société obstinément indocile ? Impuissant face à ces deux difficultés, l'État avait demandé à l'Église de l'aider. Elle avait alors travaillé à instaurer la paix civile et à inoculer aux populations des « habitudes de travail » qui contribuent à faire d'elles de véritables citoyens. Jorge Mario Bergoglio, lors de ses entretiens avec Abraham Skorka, avait évoqué l'indolence des immigrants, parvenus dans un pays où un parapluie planté dans le sol donnait des ananas, où il n'était nul besoin, comme il l'avait vu faire en rendant visite à ses cousins piémontais, de rentrer le bétail, d'engranger du foin pour l'hiver, de lutter pour trouver de l'eau...

L'Église et l'État s'étaient donc épousés et l'aménagement de leur indépendance, telles les « lois laïques » de la décennie 1880 – éducation laïque, mariage et état civil –, resta anecdotique. Ces lois constituaient le minimum indispensable de laïcité que requièrent la construction d'un État et la croissante diversification de la population due à l'immigration. Il y avait plus encore : cette diversification avait contribué à consolider l'union des deux. C'est que, dans leur grande majorité, les immigrants étaient catholiques. Ils parlaient des langues différentes, provenaient de différentes cultures, mais ils avaient en commun, entre eux et avec la population du pays, la foi religieuse.

Quand, à la fin du XIXe siècle, les autorités du pays avaient commencé à craindre l'action des « maximalistes » et à connaître les grèves et les attentats, les raisons de distendre les liens avec l'Église avaient été, une fois de plus, repoussées à plus tard. La doctrine de Léon XIII offrait un recours providentiel : n'était-il pas le souverain pontife qui, sans abandonner l'antilibéralisme de Pie IX, son prédécesseur, optait pour une politique plus ouverte ? Sous son pontificat, la doctrine sociale de l'Église avait proposé l'harmonie entre les classes, elle avait condamné le « maximalisme » et encouragé la médiation de l'État dans les conflits, et tout autant dans l'organisation de corporations de patrons et de travailleurs.

Ainsi, dans l'Argentine du XXe siècle, l'Argentine où Jorge Mario Bergoglio avait grandi, le catholicisme avait-il pris une bonne place dans les institutions destinées à construire la citoyenneté et à modeler l'identité nationale, au même titre que l'école, le service militaire et le vote obligatoire. D'autre part, l'Argentine suscitait des sympathies au sein du Vatican : les relations État-Église étaient relativement harmonieuses, l'Église argentine, en retour, donnait d'abondantes preuves de sa fidélité à Rome et cela d'autant que sa hiérarchie comptait une grande proportion d'Italiens. Après la Première Guerre mondiale, le catholicisme s'était encore fortifié parce qu'il est apparu comme la meilleure alternative à la crise du libéralisme et du capitalisme. Le président Justo s'était rapproché de l'Église, et le Congrès eucharistique international de 1934 avait été suivi dans un climat de triomphalisme. L'année suivante, Mgr Copello devenait le premier cardinal hispano-américain.

On sait aussi combien le nationalisme catholique de la période de l'entre-deux-guerres avait fondé l'idéologie du coup d'État du 4 juin 1943 et ouvert les portes à la politique au colonel Perón. « L'Argentine est née catholique. » Cette idée, très enracinée dans le pays, avait été proclamée dans les chaires universitaires, dans les livres d'histoire, dans les écoles et dans les défilés militaires tout au long du XXe siècle. Si l'Argentine était née catholique, il fallait donc, pour être fidèle au pays, être catholique et conserver le catholicisme à l'Argentine. Dès lors, l'idée s'était enracinée que si l'on attentait au catholicisme, on attentait à la nation, et vice versa. L'enracinement de cette conception avait conduit à confondre les destinées du pays avec celles de l'Église ; il avait permis que l'épiscopat occupe une place prédominante dans la vie politique. Et si le pays avait connu les violences du 16 juin 1955, il le devait en grande partie à la décision de Perón de ne plus reconnaître à l'Église cette place que les évêques considéraient comme naturelle. Sans son aide, à partir de 1955 – et blessé dans sa légitimité par la proscription du péronisme – le système politique argentin s'était considérablement affaibli. La guerre froide, la révolution cubaine et leurs confrontations idéologiques avaient suscité de nouvelles violences.

À ces turbulences, il fallait encore ajouter l'éclatement qu'avait vécu le catholicisme à travers le concile Vatican II (1962-1965). On l'a vu, il avait eu des conséquences et des connotations particulières en Amérique du Sud. Alors que pour certains il s'agissait de réformer la liturgie et de modifier quelques-unes des formes de la pastorale, pour d'autres, le concile obligeait l'Église à s'engager aux côtés des luttes révolutionnaires. En Argentine, ces deux conceptions avaient cohabité, avec, pour règle générale, l'idée que la véritable identité nationale comportait, dans son patrimoine génétique, le catholicisme : « le peuple » était catholique et le libéralisme comme le communisme étaient des « forains ». Cette vieille idée avait permis, entre autres, que la majeure partie des secteurs catholiques fissent la paix avec le péronisme : le peuple était péroniste et le péronisme, en plus de se proclamer chrétien, était suffisamment ambigu pour accueillir les énergies révolutionnaires et les volontés conservatrices sous le même parapluie nationaliste.

D'autre part, la faiblesse du système politique avait fortifié le pouvoir de l'épiscopat ; face aux carences de légitimité politique, il avait pris l'habitude de fournir ou de dénier la légitimité religieuse.

C'était ainsi, dans cette Église, que Jorge Mario Bergoglio avait forgé ses conceptions singulières sur l'identité du pays, les relations Église – État, et la place que devait occuper la hiérarchie épiscopale dans la vie publique, une place, selon lui, qui lui revenait de droit. L'extrême sensibilité de Bergoglio à la pauvreté, son style de vie simple et austère, son habitude de se mélanger aux passagers du Subte, mais aussi sa vision sur sa fonction d'évêque, et, parmi les évêques, il serait bientôt celui de Rome, à la fois pastorale et politique, on ne pouvait bien les comprendre qu'à la lumière de cette histoire. Avec lui, il ne s'agirait jamais de consommer la séparation de l'Église et de l'État comme nous l'entendons, bien au contraire. Dès les premières heures de sa prédication, il s'était appliqué à prêcher les bienfaits de la politique, et à inciter fortement la jeunesse à s'engager, parce que la politique n'était rien d'autre « que travailler pour le bien commun ». Tout au long de la crise qui se profilait et qui avait fini par désintégrer la société argentine, en 2001, l'archevêque de Buenos Aires n'avait cessé de réhabiliter cette activité. La politique, c'était, à ses yeux, l'idéal de la justice sociale *à l'œuvre*. Pendant la crise politico-économico-financière, alors que le peuple argentin protestait dans la rue en criant « Qu'ils s'en aillent tous ! », Bergoglio avait convoqué les laïcs à l'Université catholique de Buenos Aires. Il leur avait lancé : « Ils nous ont inculqué que la politique était sale, de manière que la plupart d'entre vous se gardent d'intervenir. Mais ce n'est pas la vérité. La politique, c'est travailler au bien commun. S'ils partent tous, alors nous sombrerons dans le chaos. La démocratie disparaît lorsque le gouvernement n'est exercé que par une poignée d'individus. Si cela est nécessaire, mettez les mains dans le cambouis. Comme dans beaucoup de métiers, il est probable que vous vous salissiez en travaillant, mais les bons travailleurs se lavent avant de passer à table et ensuite, ils dînent en famille. » Il avait ajouté une prière à celles qu'il apprenait aux fidèles : la prière pour la Patrie, qui leur faisait dire « *Queremos ser Nación* ». « Nous voulons être une nation. »

Il s'était longuement entretenu avec le rabbin Skorka sur le sujet, lors des dialogues qu'ils avaient fait paraître. « Il faut distinguer la politique avec un petit p et la Politique avec un grand P. Les actes d'un homme de religion relèvent de la Politique avec un grand P, mais il arrive que certains se mêlent de politique avec un petit p. » Il avait défendu ses vues : le prêtre avait le devoir de rappeler le transcendant, le sacré. Il avait à les défendre, en rappelant justement l'essence du transcendant et du sacré. Faire de la Politique avec un grand P, n'était-ce pas faire ce pas qui passait du « pour les pauvres » au « avec les pauvres », voire « à partir des pauvres » ?

Pape, il ne changerait pas de point de vue. Lors d'une rencontre avec les élèves des écoles jésuites et leurs familles – neuf mille personnes –, au mois de juillet 2013, il demanderait à la jeune génération de s'engager : « C'est une obligation pour les chrétiens qui ne peuvent pas s'en laver les mains comme Pilate. La politique est la forme la plus haute de la charité, car elle cherche le bien commun. » Le désengagement, c'était le Malin qui l'insufflait. « Nous nous sentons faibles, inadaptés, incapables ? » Nous ne devons pas croire au Malin qui nous dit : « Tu ne peux rien contre la violence, la corruption, l'injustice », martellerait-il en juin 2013, dans un message vidéo envoyé à Milan.

XXX

Jorge Mario Bergoglio avait vu juste. En 2001, ruinée, pillée, abandonnée à elle-même, l'Argentine avait perdu jusqu'à sa dernière illusion : la Coupe du monde de football. Une chance, aux dires de certains qui craignaient que la victoire ne serve d'écran de fumée aux dures réalités, et de bannière aux politiciens les plus corrompus du monde. Pour ne pas pleurer, Mgr Bergoglio racontait l'histoire que tous, avec une ironie masochiste, se répétaient dans les rues de Buenos Aires : « Dieu fait le monde. À l'Argentine il donne de riches terres, des minerais, du gaz, du pétrole, un climat idéal. Alors, les autres pays protestent : "Comment peux-tu favoriser ainsi ce pays, Seigneur ?" Et Dieu leur répond : "Ne soyez pas jaloux, parce qu'à l'Argentine je vais donner les Argentins." » Cette plaisanterie, semblait-il, restait la meilleure façon d'expliquer l'incroyable banqueroute d'un pays potentiellement richissime, qui fut en son temps la cinquième puissance économique mondiale. « Où finit la raison commence l'Argentine », avait-on dit aussi, lorsque tout le monde ou presque s'était retrouvé au chômage et obligé de bricoler pour survivre. Les retraités ne touchaient plus leur pension, tandis que les plus vaillants ne pensaient qu'à quitter le pays. Devant les ambassades d'Espagne et d'Italie, on pouvait prendre l'exacte mesure des files interminables qui s'étiraient, de gens qui espéraient un visa. Faire la queue était d'ailleurs devenu l'activité principale des *Porteños*, et ils la faisaient essentiellement devant les banques. Il fallait attendre des heures pour retirer les cent ou deux cents pesos hebdomadaires qu'autorisait, selon les semaines, le gouvernement – le gel des retraits bancaires avait été décrété en décembre 2001. Ensuite, il s'agissait de courir vers les établissements qui vendaient des dollars : le peso, autrefois en parité absolue avec la monnaie américaine, ne valait plus qu'un quart de sa valeur. Les plus pauvres avaient trouvé un nouveau moyen de gagner un peu d'argent. Ils passaient la nuit devant les ambassades et les banques et au petit matin, ils vendaient leur place cinq pesos à ceux qui ne voulaient pas faire la queue.

L'État s'était déclaré en cessation de paiement et avait séquestré les avoirs de sa population, livrée à elle-même. Elle répondait au *corralito* – l'ensemble des mesures financières qui l'enfermait et l'affamait – par de dérisoires manifestations de rue. On défilait en tapant sur des casseroles. On assiégeait les maisons des politiciens véreux pour les dénoncer. Et dans le pays, on tuait tous les jours les policiers qui tentaient d'éviter le pillage des supermarchés et des quelques succursales de banques restées ouvertes. On procédait au *secuestro express*, la dernière terreur de la classe moyenne. Dans les bidonvilles, il était plus facile de trouver du paco, sous-résidu de cocaïne, que du pain. En quelques mois, vingt pour cent de la population à peine parvenait encore à s'assurer un repas quotidien. La province ne recevait plus d'argent, sinon une monnaie de singe – *patacones, lepcon, porteños* ou *argentinos,* soit autant de pesos émis par l'État mais imprimés sur une seule face. Dans ces mêmes provinces, le taux de chômage atteignait quatre-vingts pour cent de la population active, et des enfants commençaient à mourir de faim. On venait d'enterrer dix-neuf bambins dans la province de Tucumán où l'Église avait recensé dix-sept mille personnes dénutries, dont seize mille avaient moins de six ans. On reconnaissait officiellement l'existence de vingt millions de pauvres – un tiers de la population ! – dans un pays qui produisait cinq fois ses besoins en nourriture, qui exportait du blé, de la viande et des fruits…

Jorge Mario Bergoglio assistait à l'effondrement général avec une douleur indescriptible. Jamais le pays ne s'était *atomisé* à ce point. Pour survivre, la population des banlieues avait inventé le *trueque,* lieu de troc où l'économie de marché se réinventait. Il avait alors décidé de mettre l'Église au service des gens. Pour parer au plus urgent, il avait créé les Nuits de la charité. Il avait demandé aux jeunes paroissiens de collecter, où ils le pouvaient, de la nourriture, qu'il stockait dans le bureau officiel de l'archevêque. Une partie des vivres était distribuée aux nécessiteux, l'autre, les bénévoles la cuisinaient et partaient, chaque nuit dans un quartier différent, distribuer un repas. Un repas, mais aussi des conseils, une couverture, une consultation médicale. Infatigable, l'archevêque courait partout pour tenter de reconstituer le tissu social et d'inculquer la notion de solidarité, du soin de son voisin. Il était conscient que ses actions ne serviraient à rien s'il ne réparait pas ce qui s'était dissous en dix ans d'ultralibéralisme – le respect de l'autre et le dialogue. Il lui fallait restaurer le politique, et dénouer tous les nœuds, comme le lui avait montré cette Sainte Vierge allemande, « la Vierge qui défait les nœuds », devant qui il avait beaucoup prié dans son exil allemand et qu'il avait ramenée en Argentine.

Il s'était alors battu pour que chaque secteur de la vie publique accepte de privilégier, non pas son intérêt personnel, mais celui du pays. Avec le président Duhalde, l'ancien chef du parti péroniste, il avait initié et participé activement à ce qu'on a appelé le « dialogue argentin ». Il avait réuni autour d'une même table les ennemis les plus irréductibles, les groupes les plus hostiles aux institutions, les associations les plus désespérées. En quelques années, par la force de sa parole, il était devenu non pas la seule force d'opposition, comme le constateraient les Kirchner, mais la seule force de réconciliation. Et ce dialogue, il le maintiendrait toujours, et même dans les années du kirchnérisme, alors que l'exécutif, lassé de ses rappels à la vertu, s'opposerait frontalement à lui. Mois après mois, il avait ramené chacun à ses responsabilités pour que la grande machine argentine reparte, et ce n'avait pas été simple, ni facile, dans ce climat de défiance et de ressentiment. Les *piqueteros,* grévistes – mais il n'y avait plus de travail – qui paralysaient les routes, avaient chèrement monnayé leur reddition.

Jorge Mario Bergoglio était bien conscient que l'un des maux du pays, et d'une partie de l'Amérique latine, tenait à l'absence d'une opposition politique cohérente. Alors, il avait encouragé l'évêque Joaquín Piña à soutenir l'alliance qui, dans la province de Misiones, tentait de s'opposer à la réélection du gouverneur sortant, Carlos Rovira, allié des Kirchner. De la même façon, il avait conseillé la députée Gabriela Michetti dans de nombreuses décisions politiques, l'exhortant à écouter sa conscience. « Lorsque j'ai envisagé de renoncer à mes fonctions au sein du gouvernement, j'ai tenu à lui en parler. Il ne m'a pas dit d'emblée : "C'est la bonne décision." Il m'a incitée à réfléchir aux priorités qui étaient les miennes en tant que chrétienne et à mes devoirs. »

En 2007, il avait incité la formation d'un front commun dans la capitale, mené par Elisa Carrió, celle qui avait eu le courage de donner son nom à chaque composante de la « crise argentine » : « Nous vivons dans la schizophrénie, m'avait-elle expliqué, au plus rude des événements. D'un côté, la presse internationale et les politiques du pays continuent de parler de crise économique, voire de banqueroute. Là, il s'agit d'un pillage organisé. Il ne s'agit pas de crise économique, mais de crise d'identité. Il faut nous regarder en face, plutôt que de nous amnistier en permanence. Nos institutions, quand elles existent, garantissent l'impunité à des politiciens qui ont vendu le pays. Qui a fait sortir l'or des réserves de la banque nationale ? Savez-vous qui a révélé cette affaire, l'un des cas de corruption les plus importants d'Argentine ? Les employés de la douane. Dans le cas de la Federal Bank, qui a noté les opérations louches avec la Citibank de New York ? Le petit personnel des inspections de la Banque centrale de la République argentine. Qui étaient les corrompus responsables de ces malversations ? Tous ceux qui, tout en travaillant dans le secteur privé, dans le secteur financier, ponctionnaient des rémunérations occultes de cinq à dix mille dollars, ceux qui ont vampirisé l'État argentin. Ceux-là, en grande majorité, sont restés au pouvoir. Savez-vous ce que la juge fédérale María Servini de Cubria a révélé, dès octobre 2001, soit deux mois avant l'annonce du gel des dépôts bancaires ? Des camions de transport de fonds ont sorti quelque vingt milliards de dollars du pays, par bateau jusqu'à l'Uruguay ou par avion, ainsi que l'or des réserves fédérales, ce transport physique des fonds ayant l'avantage de ne laisser aucune trace dans le système informatique des banques. Sans compter les cent vingt milliards de dollars déposés sur des comptes étrangers par les riches Argentins, selon l'estimation même du ministère de l'Économie, alors que la dette publique de l'Argentine s'élève à cent cinquante milliards de dollars. »

Lors de la crise de l'agriculture, en 2008, Jorge Mario Bergoglio avait publiquement encouragé le mouvement de protestation contre les nouveaux impôts injustifiés, les taxes et les détournements de fonds, ce que le couple Kirchner, à la présidence de la Nation, ne lui avait jamais pardonné. La crise entre le gouvernement et les agriculteurs, en 2008, avait atteint son paroxysme. Le « Campo » se soulevait. Lorsque l'affrontement avait eu lieu, Bergoglio avait réclamé aux deux parties des « gestes de grandeur » pour apaiser les tensions. Il n'avait pas limité son intervention à de belles paroles. Il avait pris place aux côtés des principaux dirigeants, autour de la table de négociations. Longtemps, Mario Llambías, alors président des Confédérations rurales argentines, a raconté à qui voulait l'écouter cette étrange assemblée : « Nous nous sommes retrouvés à Pilar. Il parlait de charité, de défendre la justice, de combattre la corruption et de rechercher un bien commun. » Et il s'était fait entendre.

Il continuait d'user de son arme de prédilection pour entretenir une conscience démocratique et rappeler sa constante préoccupation de justice sociale : les homélies, dans la cathédrale. Il leur donnait un écho en célébrant des messes en pleine rue, aux lieux mêmes où le peuple saignait. Il bénissait les bannières déployées lors des défilés – et tout particulièrement celui de la Saint-Gaétan, le patron des travailleurs. Alors, de sa voix chaude, légèrement voilée, avec ce rythme un peu haché que lui imprimait son insuffisance respiratoire, il citait les Évangiles pour évoquer la dignité qu'on retirait à l'homme en lui ôtant son travail, un travail qui n'était, somme toute, que la participation de chacun, dans l'amitié de son prochain, au grand œuvre de Dieu.

XXXI

Jamais il n'oublierait ces années, ni l'obscénité du spectacle qu'avaient offert les politiciens corrompus. Il avait pris conscience que rien n'aurait pu avoir lieu sans la complicité de chacun, ni l'indifférence mondiale au renversement total des valeurs. Il s'indignait. Comment la mort d'une personne âgée « réduite à vivre dans la rue » n'occupait-elle pas la une des journaux, que les journalistes préféraient réserver à la chute de la Bourse ? Comment la solidarité qui était le trésor du pauvre pouvait-elle être considérée comme contre-productive et contraire à la rationalité financière et économique ? Il avait conclu, du marasme argentin, que la crise n'était pas économique ni même financière, mais purement morale – spirituelle. Il dénonçait le libéralisme forcené, à quoi se greffaient toujours une « corruption tentaculaire et une évasion fiscale égoïste, qui ont pris des dimensions mondiales ». Il estimait que la crise financière que le monde essuyait dans le sillage de l'Argentine avait son origine dans une profonde crise anthropologique. L'homme s'était créé des idoles nouvelles. Et le monde s'adonnait au fétichisme de l'argent et de la dictature d'une économie sans visage ni but vraiment humain.

« Il existe quelque chose en Dieu dont tout attribut n'est que le rayonnement ; ce qu'il y a de plus intime en lui, le secret de son cœur : l'unité originelle de l'être et de la justice, de la réalité et du sens, de la force et du mérite, de la splendeur et de l'amour, de la puissance et de la sainteté ; c'est elle qui fait que Dieu est Dieu. » Dans la lumière de ces lignes, signées Romano Guardini, Mgr Bergoglio établissait un nouveau champ pour la pastorale, celui où l'injustice déployait tous ses atours – le monde de l'économie, des marchés et des banques, des hommes d'affaires, des entrepreneurs et des chefs d'entreprise. Il les invitait dans ses prières et priait pour leur conversion. « L'argent doit servir, non pas gouverner, et si le pape aime tout le monde, les riches comme les pauvres, il a aussi le devoir de rappeler au riche qu'il doit aider le pauvre, le respecter, le promouvoir. » Le 12 décembre 2012, il réitérait ses attaques, qui feraient frémir les conservateurs américains – ceux-là avaient flairé dans ses propos des relents de marxisme : « Les éthiques contemporaines sont caractérisées par un individualisme diffus, un égocentrisme et un consumérisme matérialiste, qui affaiblissent les liens sociaux, en alimentant cette mentalité du "déchet", qui pousse au mépris. La succession des crises économiques doit nous amener à repenser nos modèles de développement économique et à changer nos modes de vie. » Et encore : « Nous ne devons pas oublier l'enseignement de l'Église sur ce qu'on appelle l'hypothèque sociale, sur la base de laquelle, comme le dit saint Thomas d'Aquin, il est permis et même nécessaire “que l’homme ait la propriété des biens” » ; quant à l’usager, « il ne doit jamais tenir les choses qu’il possède comme n’appartenant qu’à lui, mais les regarder aussi comme communes, en ce sens qu’elles puissent profiter non seulement à lui mais aussi aux autres », rappelait-il dans l’exhortation *Evangelii Gaudium.* Il redonnait au Mal son nom le plus ancien : le Veau d’or – celui de la finance. « La joie de vivre s’amenuise, l’indécence et la violence prennent de l’ampleur avec l’écart croissant entre les plus riches et les plus pauvres ! » signalait-il aux ambassadeurs, le 16 mai 2013. Il fallait que chaque pays, chaque homme s’affranchisse du « fétichisme de l’argent et de la dictature d’une économie sans visage ni but vraiment humain ».

Il l’affirmait : « Ces graves crises financières et économiques trouvent leur origine dans l’éloignement progressif de l’homme vis-à-vis de Dieu et dans la recherche avide des biens matériels. » Alors, étourdis par les médias, les flots d’une information pléthorique et stérile, les hommes et les femmes, oublieux de leurs prochains, et parfois oublieux même de leurs propres enfants, ne « recherchent plus la satisfaction, le bonheur et la sécurité que dans la consommation et dans le gain, au-delà de toute logique d’une saine économie ». Il ne s’était pas contenté d’allusions générales ; avec son légendaire pragmatisme, il était entré dans le détail, là ou le bât blessait. Il avait démonté la logique du *trickle down,* cette théorie du ruissellement qui encourageait le libéralisme à perdurer dans le désastre, sourd et aveugle aux premières hécatombes. « Certains défendent encore les théories de la “rechute favorable”, écrivait François, qui supposent que chaque croissance économique, favorisée par le libre marché, réussit à produire en soi une plus grande équité et inclusion sociale dans le monde. Cette opinion, qui n'a jamais été confirmée par les faits, exprime une confiance grossière et naïve dans la bonté de ceux qui détiennent le pouvoir économique et dans les mécanismes sacralisés du système économique dominant. Mais, pendant ce temps, les exclus continuent à attendre. » Enfin, François ne s'était pas limité à pointer le mal, à le nommer et à exposer ses effets secondaires, il avait proposé des solutions qui sortaient du cadre de la pastorale traditionnelle. L'Etat, affirmait-il, devait contrôler les marchés et la spéculation financière et mettre fin à leur totale autonomie, voire à la dictature – la tyrannie même – qu'ils exerçaient sur le monde.

Il disait la Vérité. Et comme toute vérité, sa radicalité blessait. L'exhortation apostolique qu'il avait diffusée le 26 novembre, qui dressait un procès en règle du « libéralisme qui tue », avait soulevé, de l'autre côté de l'Atlantique, une vague d'indignation doublée de sa cohorte de soupçons. Le pape ressuscitait-il les vieilles lunes de la théologie de la libération ? Cherchait-il à redonner au marxisme une transcendance ? « Du marxisme pur », avait commenté Rush Limbaugh lors de son émission de radio, et l'on avait même entendu des politiques se lancer dans l'exégèse des Évangiles. « Jésus n'était pas un socialiste », affirmait un membre du Tea Party. D'autres, en Europe, et notamment en France, tentaient au contraire d'attirer François dans leur camp. Ils en avaient maintenant la certitude : « Le pape François est socialiste ! » titrait Clément Guillou sur le site de Rue 89. À tort, le Saint-Père avait pris soin d'appuyer ses propos de références aux déclarations des papes qui l'avaient précédé, et de la doctrine sociale de l'Église. Mais il y avait toujours la tentation, chez ceux qui l'écoutaient, de vouloir l'entendre à l'aune de leurs structures de pensée, de passer ses messages par leurs grilles de lecture et selon des modèles dont ils ne s'apercevaient même pas qu'ils étaient devenus obsolètes.

Ils ne l'entendaient pas, quand le pape affirmait que seule la fraternité mettrait un terme à tous ces malheurs, qui étaient profonds parce que le culte du Veau d'or avait étendu à l'infini le domaine du Mal. Pouvaient-ils prétendre qu'il avait tort ? Qu'une autre voie était ouverte pour le salut de l'humanité ? Nier que tout était désormais à vendre, et les hommes en premier ? Pouvaient-ils ne pas admettre que le trafic des êtres humains était le fléau le plus grave de ce début de millénaire ? Que la considération à laquelle l'homme avait droit s'était réduite à ce qu'il consommait et ce qu'il produisait ? Que la vie elle-même était pesée au poids de sa rentabilité, et qu'alors tout devenait possible – de la mise à la rue de milliers de travailleurs à l'euthanasie des êtres les plus faibles ?

« Tant que ne s'éliminent pas l'exclusion sociale et la disparité sociale, dans la société et entre les divers peuples, il sera impossible d'éradiquer la violence. On accuse les pauvres de la violence mais, sans égalité de chances, les différentes formes d'agression et de guerre trouveront un terrain fertile qui tôt ou tard provoquera l'explosion. Beaucoup ont les mains qui ruissellent de sang à cause d'une complicité confortable et muette. »

Le pape était-il de droite ou de gauche ? Conservateur ou progressiste ? Ni l'un ni l'autre. Il avait dépassé toutes ces vieilles catégories. Il était bien trop en avance, bien trop visionnaire. Bien au-dessus. Bien au-delà. Comme les Évangiles. Comme les Béatitudes. Et puis, d'une façon pragmatique, pour réaliser son grand projet, « Maintenir dans le monde la soif de l'Absolu », François ne pouvait ni s'appuyer sur les mouvements néoconservateurs, tournés vers le passé et qui rêvaient de reproduire un catholicisme préconciliaire, ni les ignorer et se lancer à l'aveugle dans des expériences dangereuses pour l'unité de l'Église. Il avait expérimenté tous ces dangers. Il ne pourrait que compter avec les forces ecclésiales vives qui, à sa suite, selon son exemple, accepteraient de travailler à une Église engagée dans la construction d'un « autre monde possible ». Cette Église exigeait des changements, dont le théologien Karl Rahner avait jeté les grandes lignes dans son livre, *Changement structurel dans l'Église,* publié il y avait quarante ans, et qui avait conservé la même actualité. Mais bien plus encore, cette Église exigeait une conversion absolue. D'elle-même, et du monde.

XXXII

Comment le faire taire ? Comment se débarrasser de lui ?

Elle était au pouvoir depuis 2003, même si, les premières années, ce ne fut qu'au titre de « Première Dame ». Déjà, Néstor, son mari, lorsqu'il était président, reconnaissait que le cardinal était la seule véritable force d'opposition en Argentine. Cristina Fernández de Kirchner, élue présidente de la Nation en 2007, ne supportait plus l'archevêque de Buenos Aires, Jorge Mario Bergoglio. Elle exécrait ses homélies qu'il transformait en réquisitoires contre la corruption de son entourage – le système K, comme on l'appelait en Argentine. Elle détestait qu'il taxe sa politique de populisme. Au moindre dérapage du gouvernement, il saisissait l'aubaine d'un plaidoyer pour la justice sociale. Au moindre drame, comme l'incendie du club Cromañon, plein à craquer de jeunes venus applaudir un groupe à la mode, cent quatre-vingt-quatorze morts et sept cents blessés, il dénonçait l'incurie des organisateurs, les caisses noires, le mépris des normes de sécurité. Il semblait qu'il fût entré dans un état de fulmination permanente – l'éducation, la santé, les retraites, la drogue qui ensevelissait les *villas miserias*. Elle ne lui pardonnait pas d'avoir perdu la face dans l'affrontement avec le Campo. Ses adversaires y avaient gagné de la morgue. Si encore elle avait été d'un autre parti ! Mais elle se réclamait du Justicialisme, et il caracolait sur ses propres chevaux de bataille. Le temps était loin, des hommages rendus à l'action du cardinal, comme celui que le président Duhalde avait écrit dans *La Nación*, au sortir de la crise : « Nous, le peuple argentin, avons réussi à faire face à ce que l'histoire considérera, je crois, comme l'une de nos plus grandes épopées collectives. Mais il y a eu, dans ce sauvetage, des figures providentielles, des personnalités gigantesques qui, en s'abstenant avec modestie d'occuper le centre de la scène, ont été déterminantes pour éviter la dissolution sociale, qui était un risque réel. Jorge Bergoglio a été l'un de ces hommes. » Elle estimait qu'il avait dépassé les bornes en juillet 2010, lorsque le projet de loi sur le « mariage égalitaire » avait été proposé au vote. Il avait rameuté une foule, et créé un scandale parce qu'elle l'avait écarté des discussions préalables. Mais depuis les affrontements avec le Campo, la présidente s'appliquait à interdire tout rôle de médiateur au cardinal. Alors de conseiller ! Le ton était monté très vite et, au cœur du débat parlementaire, Bergoglio avait publié une lettre qu'il avait adressée à tous les monastères de Buenos Aires : « Ne soyons pas ingénus : il ne s'agit pas d'une simple lutte politique, il s'agit de la prétention de détruire le plan de Dieu. »

Les deux seules satisfactions qu'elle éprouvait, en pensant à lui, étaient son âge – il était proche de la retraite – et qu'il avait d'autres ennemis.

Les prises de position du cardinal ne suscitaient pas que de l'admiration. Au sein de l'Église, il crispait les plus conservateurs. Il avait osé conspuer les prêtres qui refusaient le baptême aux enfants nés hors mariage. Il encourageait les ecclésiastiques à écouter en confession des divorcés notoires. Il ouvrait sans discernement les portes de ses églises. Il avait osé atténuer son opposition au mariage pour tous, en admettant la possibilité d'une union civile pour les homosexuels. Ils lui reprochaient de trop en faire sur le plan social et pas assez sur le plan doctrinal. Chez les progressistes, on gardait de lui l'image sombre du jésuite cassant, hostile aux communautés ecclésiales de base, à leurs yeux l'expérience évangélique la plus pure et la plus intense qu'ait jamais vécue l'Église.

Il y avait aussi, au sein de la hiérarchie, de vieilles susceptibilités qui ne s'étaient pas apaisées. Beaucoup s'étaient sentis doublés. Jorge Mario Bergoglio n'avait pas mérité sa pourpre cardinalice ; il n'avait gravi aucun des échelons de rigueur. Et quelle allure pour un prince de l'Église ! « *Guia T* » manquait de panache, d'élégance et d'éclat. À croire qu'il était aveugle aux beautés de la liturgie, aux symboles du mystère. Et puis il boudait ostensiblement les concerts, les dîners, les galas. Il ne trouvait donc pas la bonne société assez bien pour lui ? À trop assimiler l'Église à ce quart-monde qu'il embrassait avec ostentation, il poussait des familles entières vers les églises évangéliques. Elles envisageaient cette apostasie comme une promotion sociale.

Ces agacements, ces rancœurs s'étaient cristallisés en une opposition manifeste lorsqu'en avril 2003 un nouveau nonce apostolique avait été nommé à

Buenos Aires. Adriano Bernardini, proche d'Angelo Sodano qui l'avait consacré évêque, n'avait pas épousé les vues ni la méthode du cardinal argentin. Et il l'avait fait savoir.

Elisabetta Piqué, journaliste de *La Nación* et correspondante permanente à Rome, proche de Mgr Bergoglio et familière des arcanes du Vatican, a rapporté dans son livre, *Vida y Revolución*, la confidence que lui a faite José Ignacio López, le directeur du journal catholique *Vie nouvelle* : « Il y avait de mauvaises relations entre le nonce Bernardini et le cardinal et elles se sont transmises à une bonne partie de l'épiscopat. Lors d'une messe, en l'église du Secours, en avril 2003, Bernardini a prononcé une homélie très dure et très menaçante. Ça n'était que le début. Les choses se sont envenimées par la suite et la curie romaine, du moins les alliés de Bernardini, est entrée dans le jeu. Il y a eu des courts-circuits, notamment entre la Conférence épiscopale et certains secteurs du Vatican. Il y a eu des dénonciations et Rome les encourageait. » Des dénonciations ? Jorge Mario Bergoglio contrevenait à sa fonction ; il faisait preuve de laxisme ; il baptisait n'importe qui ; il autorisait des prêtres à dire la messe en civil. Selon Elisabetta Piqué encore, le nonce Bernardini avait rallié dans son camp l'archevêque de La Plata, Héctor Aguer, certains professeurs de l'Université catholique et l'ancien ambassadeur près du Saint-Siège, Esteban Caselli, extrêmement bien introduit à la curie. L'union faisant la force, ils ne se privèrent pas de harceler Bergoglio.

Malgré eux, l'aura du cardinal s'amplifiait. Les tensions durcirent à la mesure de son influence. Lorsque Jean-Paul II l'avait désigné rapporteur général du

Synode des évêques de 2001, un grand nombre de prélats avaient été impressionnés par les prises de position, par la maîtrise que Bergoglio avait manifestées dans la conduite des débats et par sa concision dans la rédaction du rapport final. Par la suite, il avait été nommé dans de nombreux dicastères : Conseil pour la famille, Instituts de la Vie consacrée, Congrégation du culte divin, Commission pontificale pour l'Amérique latine. Il n'était plus un inconnu dans les hautes sphères de la curie. Il générait autour de lui et de son nom un courant d'ecclésiastiques latino-américains puissant et cohérent. Le continent, riche de cinq cents millions de catholiques, semblait avoir trouvé son représentant, un porte-étendard idéal pour affirmer son poids dans l'Église.

Pour opposer un contrepoids à l'influence manifeste de Bergoglio, Bernardini était intervenu dans la nomination d'évêques en imposant ses candidats, choisis pour leur ligne résolument conservatrice. Or ceux-ci n'avaient pas été préalablement présentés par les évêques argentins, comme l'exigeait la procédure. Un peu plus tard, le nonce s'opposait de toutes ses forces aux propositions de Jorge Bergoglio, notamment celle de désigner son bras droit, Mgr Victor Manuel Fernández, au rectorat de l'Université catholique argentine. Bergoglio avait réagi et remué ciel et terre pour se faire entendre. La tension était encore montée d'un cran. Enfin, le succès très remarqué de Bergoglio à Aparecida, où se réunissait la Ve Conférence générale du Conseil épiscopal latino-américain, en 2007, où il avait été élu président à une très large majorité, avait décuplé l'hostilité du clan Bernardini. Ils le harcelèrent, de questions, de tracasseries, de convocations, d'autant qu'ils pensaient n'avoir rien à craindre de lui, puisqu'il était aux portes de la retraite et n'envisageait aucune carrière à la curie – cette simple idée lui faisait d'ailleurs horreur. Il leur restait quelques années pour anéantir la dangereuse influence qu'il exerçait sur ses pairs et, partant, le désir d'une plus grande autonomie, à quoi semblait de plus en plus prétendre l'Église latino-américaine, qu'entraînait le formidable enthousiasme évangélisateur de Jorge Mario Bergoglio – le cardinal des Béatitudes.

XXXIII

Les Kirchner possédaient une arme redoutable pour se débarrasser de leurs adversaires – les années Videla. Carlos Menem avait déclaré l'amnistie générale pour tous les crimes commis (trente mille personnes éliminées, cinq cents enfants volés) pendant la dictature militaire, qui avait duré de 1976 à 1983. Néstor Kirchner avait annulé cette mesure. Le procès légitime que les victimes de la junte étaient en droit d'attendre pouvait enfin avoir lieu et les archives des années sanglantes furent ouvertes.

L'Église argentine, du moins un certain nombre de ses prélats, était impliquée dans les exactions de l'armée. L'archevêque de La Plata et l'aumônier des armées étaient notoirement connus pour leur collusion avec certains officiers. Qu'en était-il de Mgr Bergoglio ? S'il pouvait être incriminé, quelle aubaine pour beaucoup ! On fouilla donc les annales, les courriers, les rapports. En 2005, année où le cardinal argentin avait prononcé l'homélie qui dénonçait ouvertement la corruption « autour » des Kirchner, et année du conclave qui avait vu le cardinal de Buenos Aires talonner Joseph Ratzinger dans les intentions de vote, Horacio Verbitsky publiait *El Silencio*, document à charge contre l'Église catholique argentine, qu'il accusait de complicité avec les militaires. Mais ce n'était pas n'importe quels militaires – c'était ceux de la dramatiquement célèbre Esma, l'École mécanique de la Marine, dont les locaux avaient été transformés en centre de torture. Dans ses pages, le directeur du quotidien progouvernemental, *Página 12*, mettait en cause Jorge Mario Bergoglio, alors supérieur provincial des jésuites. Il le rendait responsable de l'enlèvement de deux prêtres de la Compagnie, Orlando Yorio et Francisco Jalics. Enlevés, torturés pendant six mois, les deux ecclésiastiques avaient été relâchés en pleine nature. Puis ils avaient quitté l'Argentine. Orlando Yorio était décédé en 2000. Francisco Jalics s'était retiré en Allemagne.

En 2005, un dossier qui reprenait les thèses de Verbitsky et qui établissait des liens complices entre le cardinal argentin et la dictature avait circulé à Rome. Selon le journal *El Cronista*, dans un article du 18 mars signé Román Lejtman, il avait été introduit au Vatican par Juan Pablo Cafiero, ambassadeur argentin près le Saint-Siège, « et par l'entremise d'un cardinal proche de Cristina Fernández de Kirchner », qui se serait plié aux intentions officielles de Buenos Aires de tout faire pour empêcher Bergoglio de devenir souverain pontife. Mgr Ratzinger avait été élu et l'ambassadeur Juan Pablo Cafiero avait démenti les accusations du journaliste de *El Cronista*.

À Buenos Aires aussi, le dossier avait été rediffusé. Mais Horacio Verbitsky était connu pour son militantisme pro-Kirchner. Aussi ses allégations – qui révélaient dans le même livre « la séduction que l'amiral

Massera exerçait sur le pape Paul VI » – furent-elles prises avec circonspection. Il y eut des remous ; on jasa, puis on se souvint raisonnablement du dévouement de Bergoglio en plein cœur de la crise, et de son engagement sans faille auprès des plus pauvres.

Mais huit ans plus tard, dès que le nom de Jorge Mario Bergoglio surgit des urnes de la chapelle Sixtine, et à peine le pape François apparaissait-il sur la loggia de la basilique Saint-Pierre, les réseaux sociaux furent inondés par la prétendue photographie de Bergoglio en compagnie des deux plus redoutables criminels de la junte militaire, Jorge Videla et Emilio Massera. Enfin ! se réjouirent les détracteurs de Bergoglio. On tenait la preuve de sa culpabilité. Mais quelques heures après, on apprenait qu'il s'agissait de la photo d'un autre ecclésiastique, Carlos Beron de Astrada. Enfin, ce fut le tour de la présidente des grand-mères de la place de Mai, Estela de Carlotto, qui prétendait que le provincial était au courant du vol de bébés qu'avait perpétré la dictature.

Le harcèlement prendrait-il fin ? Il fallut alors rappeler que Mgr Bergoglio avait été longuement entendu comme témoin par la justice sur cette question, et blanchi de tous les soupçons qu'on avait pu formuler contre lui. Le juge Germán Castelli, l'un des trois juges qui avaient été saisis en 2011 de l'ensemble du dossier Esma – dont faisait partie l'emprisonnement des deux prêtres jésuites –, avait dû réaffirmer dans une interview donnée le 16 mars 2013 au quotidien argentin *La Nación* : « Il est totalement faux de dire que Jorge Bergoglio a livré ces prêtres. Nous nous sommes penchés sur la question, nous avons entendu ces allégations, nous avons passé en revue les faits et nous avons estimé qu'il n'avait rien fait dans cette affaire qui soit répréhensible. » Mais, bien que les accusations fussent tombées les unes après les autres, on continua de soupçonner une complicité tacite : Bergoglio n'avait pas condamné ouvertement la dictature, c'est donc bien qu'il l'approuvait.

Qu'avait allégué exactement Verbitsky dans son livre ? Selon lui, Yorio et Jalics avaient été livrés en 1976 par leur supérieur, mais d'une façon extrêmement fourbe : Bergoglio aurait dissous leur communauté et leur aurait demandé de quitter l'Argentine pour mieux autoriser les militaires à les éliminer. Les militaires auraient si bien reçu le message qu'ils avaient enlevé les deux prêtres quelques semaines plus tard. Puis ils les avaient torturés pendant six mois, jusqu'à être convaincus de leur innocence. En vérité, Jalics et Yorio avaient bien été séquestrés le matin du 23 mai 1976 par la dictature, en la personne de militaires lourdement armés, alors qu'ils étaient dans la maison qu'ils louaient dans le quartier de Rivadavia. Ils étaient accusés d'être des propagateurs de la guérilla, d'une part à cause de leur activité dans les banlieues les plus pauvres, mais surtout parce qu'ils étaient en relation avec une résistante communiste qui leur avait confié des papiers compromettants, Monica Quinter, qui elle aussi avait été enlevée et qu'on n'avait plus jamais revue. À midi, ils avaient été transférés à l'Esma. Puis, le 28 mai, dans une maison de la petite ville de Don Torcuato, où ils avaient été incarcérés dans une pièce sans lumière, à même le sol, menottés et quasiment affamés. Ils avaient été menacés, drogués et durement interrogés. Six mois plus tard, dans la nuit du 23 octobre, ils étaient libérés.

Bergoglio, entendu par la justice comme témoin, avait expliqué ce qui s'était réellement passé en amont de l'enlèvement. Il avait dit aux prêtres qu'ils devaient cesser de travailler dans les bidonvilles pour leur propre sécurité, mais ils avaient refusé de l'écouter. Yorio, aujourd'hui décédé, accuserait ultérieurement Bergoglio de les avoir mis dans les mains des escadrons de la mort pour avoir refusé de soutenir publiquement son travail.

Selon d'autres témoins, tels que Rodolfo Yorio, le frère du prêtre enlevé, et Silvia Elena Guiard, les deux prêtres jésuites avaient été avertis par Bergoglio que la dictature militaire ne supporterait plus la présence dans les bidonvilles de prêtres qu'elle associait aux théologiens de la libération. Mgr Aramburu, la plus haute autorité de l'Église argentine, avait dès lors pris la décision de retirer aux deux curés jésuites l'autorisation de célébrer la messe s'ils ne quittaient pas les favelas dans lesquelles ils opéraient. Bergoglio avait insisté : il subissait de fortes pressions pour qu'ils partent tous les deux ; on faisait sur leurs activités des rapports très négatifs. Il savait qu'ils n'avaient rien à voir avec la guérilla, mais il leur demandait néanmoins de mettre entre parenthèses, du moins pendant un moment, leur travail pastoral dans ces zones. Bergoglio leur avait octroyé un délai pour qu'ils quittent les lieux, le temps pour eux de se trouver un autre diocèse, mais ils n'avaient rien voulu entendre. Bergoglio leur avait rappelé leur devoir d'obéissance et tenté, pendant plusieurs mois, de leur faire entendre raison. Comme il les en avait menacés, Mgr Aramburu leur retira l'autorisation de dire la messe. Et quelques jours plus tard, ils étaient enlevés.

Prévenu par un prêtre qui passait à bicyclette au moment de l'arrestation, Jorge Mario Bergoglio était intervenu auprès des dictateurs, Jorge Videla et Emilio Massera, pour obtenir la libération des deux religieux. Il avait rencontré ces militaires à deux reprises pour leur demander des comptes au sujet des deux curés jésuites. La seconde fois, avec Massera, le rendez-vous avait été extrêmement tendu : « L'entrevue n'a pas duré plus de dix minutes et Massera m'a dit qu'il avait tenu informé Mgr Adolfo Tortolo, l'aumônier militaire » – Tortolo, mort en 1986, était un ecclésiastique qui couvrait et justifiait les tortures.

Sur quoi reposaient les accusations de Horacio Verbitsky, par ailleurs directeur du Centre d'études légales et sociales, une organisation non gouvernementale de défense des droits de l'homme ? Aussi étonnant que cela paraisse, eu égard au titre de Verbitsky, elles ne reposaient sur rien. Ce rien, c'était un petit papier tapé à la machine par le directeur du culte catholique de la chancellerie, Anselmo Orcoyen, signé par lui, et ajouté à une demande que faisait Bergoglio, *trois ans après l'enlèvement et la relaxe des deux prêtres*. Quelle demande ? Le renouvellement du passeport de Francisco Jalics depuis Buenos Aires, sans que celui-ci ait à revenir au pays pour faire ces formalités, puisqu'il résidait en Allemagne. Dans sa lettre, Bergoglio expliquait aux autorités militaires encore au pouvoir que le père jésuite n'avait pas les moyens de s'offrir un tel aller-retour. Il joignait les documents de Jalics nécessaires au renouvellement du passeport. Orcoyen avait fait suivre la demande, avec un avis défavorable, qu'il justifiait par les antécédents de Jalics – activités subversives et séquestration. Sur cet avis défavorable, il était très exactement écrit : « Ces documents ont été soumis au sieur Orcoyen par le père Bergoglio lui-même, signataire de la lettre avec une recommandation spéciale qu'il ne soit pas donné suite à ce qu'il demande. » Le tout rédigé sans ponctuation. On pouvait dès lors lire ce petit papier de deux façons. La première, la plus probable, était qu'Orcoyen, qui supervisait le dossier et transmettait les documents, mettait un avis défavorable à la demande de Bergoglio. La seconde, que le père Bergoglio avait constitué un dossier de renouvellement de passeport pour le père Jalics, et demandé dans le même temps qu'on n'y donne pas suite. Ce fut la seconde hypothèse, par ailleurs tout à fait incompréhensible, que retint Verbitsky pour accuser Bergoglio d'un enlèvement qui avait eu lieu trois ans auparavant…

Et c'est à partir de cette interprétation douteuse que Verbitsky avait déduit tout le reste. Il avait été encouragé par le ressentiment des deux prêtres contre leur supérieur qui, à l'époque des faits, avait dissous leur communauté. Ils avaient estimé que la responsabilité de leur enlèvement incombait non pas à leur désobéissance, mais à cette dissolution.

« Le fait est : le père Bergoglio ne m'a pas dénoncé, ni moi ni Orlando Yorio. Je suppose qu'à cette époque, beaucoup de rumeurs et de fausses informations ont circulé. Parmi ces rumeurs, il y a eu celle qui a prétendu qu'avec Yorio, nous nous étions réfugiés dans les quartiers déshérités pour rejoindre un mouvement de guérilleros. Ces rumeurs, fausses, sont à l'origine de notre longue détention. Nous n'avons pas été libérés tout de suite à cause de ces soupçons. »

« Il m'est arrivé de penser, moi aussi, que nous avions

été victimes de dénonciations, mais à la fin de la décennie quatre-vingt-dix, au travers de nombreuses conversations, il m'est apparu que ces doutes étaient erronés. Et dès le début, ça a été une erreur grave de prétendre que notre capture a été provoquée par la dénonciation du père Bergoglio. »

Mais ce qui avait vraiment mis un point final à la diffamation, ce furent les témoignages en faveur de Bergoglio et de son comportement pendant la dictature militaire qui commencèrent à affluer : Adolfo Pérez Esquivel, Prix Nobel de la paix en 1980, jésuite torturé par la junte. Alicia Oliveira, ancienne juge et secrétaire d'État aux Droits de l'homme, qui avait toujours fermement défendu Bergoglio contre ces accusations. Elle-même avait échappé à la mort par miracle, en quittant le bureau une demi-heure à l'avance pour prendre un train. Durant cette demi-heure, la milice de la dictature avait envahi le Cels (Centre d'études légales et sociales) où elle travaillait et déclaré que le centre ne se conformait pas à « la loi de sécurité nationale ». Ils avaient embarqué tous ceux qui s'y trouvaient. Alicia Oliveira avait dû entrer dans la clandestinité. Elle avait décliné l'offre de Bergoglio de la cacher au Colegio Maximo, dans l'aile réservée aux retraites spirituelles parce que, dit-elle, elle détestait les curés. Alors, il avait scolarisé ses enfants et organisé les visites maternelles dans le plus grand secret.

Le père Martinez Ossola, aujourd'hui curé de la paroisse de l'Annonciation du Seigneur, dans la province de La Rioja, avait été lui-même caché dans ce collège avec ses deux amis, Miguel La Civita et Carlos González, alors qu'ils étaient simples séminaristes.

Bergoglio les avait aidés à s'enfuir. Gonzalo Mosca, farouche opposant à la dictature, et son frère, un prêtre jésuite, avaient spontanément demandé l'aide de Bergoglio. Il les avait conduits et cachés au Colegio Maximo San Miguel avant d'organiser leur fuite vers le Brésil. Ont également été aidés par Mgr Bergoglio Juan Carlos Scannone et le frère assomptionniste Jorge Oscar Adur – Adur qui serait rattrapé par la dictature au Brésil et disparaîtrait sur une route, sans qu'on le retrouve jamais.

Et puis, il y avait eu tous les autres, qui étaient sortis de l'anonymat pour attester l'aide qu'ils avaient reçue du père Bergoglio. Ils avaient raconté comment il leur avait sauvé la vie. Les calomnies déversées sur le compte du pape François les scandalisaient. Ils ont écrit. Ils ont témoigné. Certains de ces témoignages sont arrivés trop tard pour être répertoriés avec tous les autres par le journaliste Nello Scavo, dans un livre qu'a préfacé Adolfo Perez Esquivel, le Prix Nobel de la paix : *La Liste de Bergoglio, Ceux qui furent sauvés par François pendant la dictature.* Ces témoignages détaillés balayaient les ultimes suspicions. Ils faisaient plus que cela encore : ils apprendraient au monde que si le père Bergoglio n'avait pas condamné haut et fort la dictature, ce n'était pas par complicité tacite avec la junte, ni par sympathie pour les militaires, ni, moins encore, par manque de courage, c'est qu'il travaillait à son réseau de résistance : protéger ceux que la dictature menaçait, qu'ils fussent chrétiens ou non, et organiser leur fuite. Beaucoup de vies étaient en jeu.

Il valait mieux dès lors se taire.

XXXIV

Est-il plus grande douleur que la pierre qu'on vous jette ? Comment s'endurcir contre elle, contre la médisance, la suspicion, sans que son amour du prochain en soit affecté ? À quoi songeait Jorge Mario Bergoglio lorsque le flux de la rumeur publique portait vers lui ces accusations ? Lorsque, cité comme témoin sur les bancs des criminels de la dictature, il avait entendu les questions se faire plus insidieuses ? À quoi pensait-il lorsqu'il entendait les mêmes demandes se répéter, comme si ses réponses étaient sujettes à caution ? Sur les images filmées de ses auditions, le visage de Jorge Mario Bergoglio était empreint d'une étrange expression, quelque chose comme un agacement réprimé et une grande résignation. « L'amour se reconnaît à ce signe – celui de la douleur – et, quand ce signe lui manque, l'amour n'est qu'une prostitution de la force et de la beauté. Je dis que quelqu'un m'aime quand il accepte de souffrir par moi et pour moi. Autrement, ce quelqu'un qui prétend m'aimer n'est qu'un usurier sentimental, qui veut installer son négoce dans mon cœur », écrivait Léon Bloy. Jorge Mario Bergoglio faisait l'expérience de cette douleur au cœur même de son amour du prochain. Il avait prié avec sa volonté, son courage et son humilité pour que cet amour ne soit nié ni par la colère ni par le ressentiment. « La haine est l'amour du démon et le seul amour qu'il connaisse », avait écrit André Suarès. Il aurait pu ajouter – et le persiflage, son agent de propagande le plus efficace. Dans ses entretiens, que ce soit avec son ami Abraham Skorka ou avec les journalistes argentins Rubin et Ambrogetti, il avait répété plusieurs fois quel recours offrait la prière contre la tentation de haïr qui vous déteste. Il avait réfléchi à la puissance du commérage et à la vitesse avec laquelle se propageaient les scandales et les horreurs, alors que la Bonne Nouvelle des Évangiles ne suscitait plus le moindre intérêt chez ceux dont la communication était le métier, et celle de l'Évangile, la vocation. Il pardonnerait, mais il n'oublierait pas.

À Rome, les vaticanistes s'étonneraient qu'il pointe si souvent les commérages et qu'il mette en garde de façon si récurrente les fidèles qui leur tendaient l'oreille. « Que les chrétiens ferment les portes aux jalousies, aux commérages qui divisent et détruisent nos communautés », souhaiterait-il, durant une de ses messes matinales célébrées en la chapelle de la maison Sainte-Marthe, pour une occasion spéciale : le sixième jour de prière pour l'unité des chrétiens. Il s'était déjà exprimé sur le sujet, le 13 septembre 2013, de façon impérieuse : « Sur ce point, il n'y a pas de place pour les nuances. Si tu dis du mal de ton frère, tu tues ton frère. Et nous, à chaque fois que nous le faisons, nous imitons le geste de Caïn, le premier homicide de l'histoire. » Il avait insisté : « Les commérages finissent toujours par prendre cette dimension de criminalité. Il n'y a pas de commérages innocents. Quand nous utilisons notre langue pour dire du mal de notre frère ou de notre sœur, nous l'utilisons pour tuer Dieu… l'image de Dieu dans notre frère. » Il ne supportait plus que les ragots se propagent au sein du Vatican. Ironie ? Allusion très précise au rôle qu'avait joué, pendant le pontificat de Benoît XVI, le commandant de la gendarmerie, Domenico Giani ? Dans son livre remarquable sur les années Benoît XVI, *L'homme qui ne voulait pas être pape*, Nicolas Diat dévoile l'omnisurveillance que cet ancien des services secrets italiens avait installée dans le Vatican. François avait signifié aux « anges gardiens » de Giani que, désormais, ils seraient astreints au plus grand silence, voire à se mordre la langue : « Ça nous fera du bien, la langue se gonfle et on ne peut plus parler, ainsi on ne peut plus faire de commérages. » Il avait exhorté la gendarmerie vaticane à interdire les persiflages dans l'enceinte du Saint-Siège parce que la médisance était la salive de Satan. « Quelqu'un parmi vous pourra me dire : "Mais, père, qu'avons-nous à voir ici avec le Diable ? Nous devons défendre la sécurité de cet État, de cette cité." Certes, c'est vrai, mais Napoléon ne reviendra plus, n'est-ce pas ? Il est parti. La guerre aujourd'hui se fait autrement : c'est la guerre de l'obscurité contre la lumière ; de la nuit contre le jour. Je vous demande de ne pas défendre seulement les portes et les fenêtres du Vatican. » Mais alors défendre le Vatican contre qui, contre quoi ? « Contre les campagnes de dénigrement. » Il avait ajouté : « Le Diable cherche à créer la guerre interne, une sorte de guerre civile et spirituelle. C'est une guerre qui ne se fait pas avec les armes que nous connaissons : elle se fait avec la langue. »

Enfin, lors de son premier Noël de souverain pontife, en prononçant son discours tant attendu devant la curie, François avait insisté avec force sur son intolérance aux ragots. Debout, il avait exhorté évêques et cardinaux à exercer sur eux-mêmes une objection de conscience qu'il jugeait indispensable dans une communauté de travail : « l'objection de conscience aux bavardages ». Plutôt que de sacrifier à la tradition qui voulait qu'à cette occasion le souverain pontife fasse le bilan de l'année écoulée et projette les perspectives de celle à venir, François avait dressé le portrait du collaborateur idéal, qu'il avait calqué sur la figure de saint Joseph. Cet infatigable travailleur, levé à 4 h 30 chaque matin, attendait des prélats qu'ils se mettent enfin au travail et allient « le professionnalisme et le service », à « la sainteté de la vie ». Il avait averti que sans professionnalisme, « on glisse vers le terrain de la médiocrité. Les dossiers deviennent des rapports de "clichés" et des communications sans levain de vie, incapables de produire de larges horizons. D'autre part, quand l'attitude n'est pas celle du service des Églises particulières et de leurs évêques, alors la structure de la curie grandit comme une pesante douane bureaucratique, d'inspection et d'inquisition, qui ne permet pas l'action du Saint-Esprit et la croissance du peuple de Dieu ». Puis il avait précisé ce qu'il entendait par la sainteté vers quoi ils devaient diriger leurs âmes : « Sainteté signifie vie immergée dans l'Esprit, ouverture du cœur à Dieu, prière constante, humilité profonde, charité fraternelle dans les relations avec les collègues. Elle signifie aussi apostolat, service pastoral discret, fidèle, accompli avec zèle au contact direct du peuple de Dieu. C'est indispensable pour un prêtre. Sainteté dans la curie signifie aussi objection de conscience. Oui, objection de conscience aux bavardages. Nous insistons beaucoup, à juste titre, sur la valeur de l'objection de conscience, mais peut-être devons-nous l'exercer aussi pour nous défendre d'une loi non écrite de notre environnement, qui est malheureusement celle des bavardages. Alors faisons tous objection de conscience ; mais attention, je ne veux pas faire seulement un discours moral ! Les bavardages abîment la qualité des personnes, du travail et de l'environnement. »

François avait tenu à ce que son allocution soit traduite en sept langues et distribuée par la salle de presse « sous embargo » – y avait-il meilleure façon d'attirer l'attention ? Ceux qui ne l'avaient jamais entendu prononcer ses homélies les jours de *Te Deum* étaient stupéfaits par son style offensif. Ils s'étaient rappelés que François était jésuite ; ils ne savaient pas qu'il était surtout resté Jorge Mario Bergoglio : une foi forgée par une âme de fer, au feu de l'Évangile. « L'Évangile est le code pur et absolu de la révolution. Et quelle révolution ! Une révolution divine, sans réserve et sans réplique », avait consigné André Suarès. François entendait bien le faire savoir. Sur ce chapitre, Buenos Aires avait imprimé sa marque : ce discours du 21 décembre, devant le parterre des prélats au grand complet, il en avait fait son *Te Deum* romain.

Mais qui voulait-il rappeler à l'ordre ? Tous ceux qui n'avaient pas compris sa résolution à réformer, comme il avait réformé la Compagnie quand il était provincial, et le collège supérieur lorsqu'il était recteur. Si certains semblaient ne pas réaliser que l'Église ne pouvait pas être pure sans être terrible, ni compatissante sans être inflexible, il le leur assènerait. Et il fallait un rappel à l'ordre après la série d'incidents qui avaient marqué les premiers mois de son pontificat.

XXXV

Il y avait eu l'affaire Battista Ricca, que le pape avait nommé le 15 juin 2013 pour le représenter au sein du sulfureux Institut pour les œuvres de religion (IOR), la banque du Vatican. François n'avait pas inscrit la réforme de cette institution, pourtant au cœur de nombreux scandales, comme une priorité de son agenda. « Je pensais traiter la question financière l'année prochaine », reconnaîtrait-il lors de la conférence accordée au cours du voyage de retour des JMJ de Rio. Mais il était convenu de ce que les circonstances, qui relevaient de la sphère publique et qu'il fallait affronter », l'obligeaient à anticiper la mise en œuvre de l'énorme chantier. Il n'éprouvait aucune réticence à le faire. Il vouait à l'argent, « ce crottin du Diable », une grande répugnance et à la corruption une aversion profonde. « Saint Pierre n'avait pas de compte en banque », lançait-il, le 6 mai, avant de reconnaître l'existence, au cœur du Vatican, d'un « courant de corruption ». Il avait aussi confirmé la présence du lobby gay qu'avait dénoncé Elam Mader, l'ancien commandant en chef des Gardes suisses, lors d'un entretien avec l'hebdomadaire suisse *Schweiz am Sonntag.* Il insisterait même quelques jours plus tard, devant une petite assemblée et en présence de Mgr Gerhard Ludwig Müller, préfet de la Congrégation pour la doctrine de la foi : « Quand nous voulons faire une Église riche, l'Église vieillit, elle n'a pas de vie », « Il faut certes poursuivre les œuvres de l'Église – et certaines sont un peu complexes – mais avec un cœur habité par la pauvreté. » Il n'avait jamais adouci ses attaques contre les « dévots du dieu pot-de-vin » qui travaillaient à l'IOR. Ceux-là commettaient un « grave péché contre la dignité » et donnaient à manger « du pain sale » à leurs propres enfants. Déjà, dans le document qui résumait la Ve conférence des Églises d'Amérique du Sud et des Caraïbes (Celam) à Aparecida, Bergoglio avait tenu à souligner de traits rouges que la méthode d'évangélisation, qui est la mission même de l'Église, doit se faire en « suivant les pas de Jésus et en adoptant ses gestes. Lui, étant le Seigneur, se fit serviteur y obéissant jusqu'à la mort sur la Croix. Ainsi il nous a enseigné l'itinéraire de notre vocation de disciples et de missionnaires. Dans l'Évangile, nous apprenons la sublime leçon d'être pauvres en adoptant la pauvreté de Jésus, et d'annoncer l'Évangile de la paix sans bourse ni poches, sans placer notre confiance dans l'argent ou dans le pouvoir de ce monde. Dans la générosité des missionnaires se manifeste la générosité de Dieu. Et dans la gratuité des apôtres transparaît la gratuité de l'Évangile ». Lorsque Cristina Fernández de Kirchner, qui, à Buenos Aires, avait refusé par onze fois les demandes d'entretien que Bergoglio lui avait présentées, avait été reçue au Vatican par le pape François, il lui avait fait un cadeau. Il lui avait offert le compte rendu du Celam où l'« option pour les pauvres » et l'anathème sur la corruption et la course au profit étaient largement développés. CFK, comme on l'appelait à Buenos Aires, avait cru pouvoir couper à ce sermon en Argentine ; elle l'entendrait à Rome, avec le retentissement éclatant de l'événement mondial.

Mais, contrairement à ce qu'il avait espéré, la mise en place du comité de surveillance à la tête de l'IOR et la nomination de Mgr Battista Ricca pour le représenter n'avaient pas apaisé les remous des derniers scandales autour de cette banque – (7,1 milliards d'euros d'avoirs, dix-neuf mille comptes bancaires, cent quatorze employés, 86,6 millions d'euros de bénéfices). Il semblait pourtant que l'Allemand Ernst von Freyberg, nommé président de la « banque de Dieu » par Benoît XVI, juste avant son départ, soit parvenu à calmer les turbulences et les jeux de chaises musicales à la direction de l'institution. Et puis, dans un coup de tonnerre, le Vatican avait appris, aux premiers jours du mois de juin, la mise en examen de Mgr Scarano. Ce prélat occupait le poste de chef comptable chargé du patrimoine du Vatican, (Administration du patrimoine du siège apostolique : Apsa). Mgr Scarano avait été pris en flagrant délit de rapatriement illégal depuis la Suisse de vingt millions d'euros afin de les blanchir grâce à ses comptes de l'IOR. Il serait écroué par la justice italienne et le parquet de Salerne, sa ville d'origine, pour blanchiment d'argent, faux en écritures publiques, fausses donations, fraude et corruption. Le pape apprendrait, de surcroît, que Mgr Nunzio Scarano partageait sa vie avec un autre prélat, don Luigi Noli, dans un luxe effréné.

Ces « scandales qui font mal », selon ses propres termes, avaient donc obligé François à prendre des mesures plus radicales. Il avait obtenu la démission, le 1er juillet 2013, de Paolo Cipriani et Massimo Tulli, respectivement directeur général et directeur adjoint de l'IOR. Par lettre chirographaire, il avait mis en place une commission, formée de quatre religieux et d'une laïque, chargée d'enquêter sur les activités de la banque du Vatican. Celle-ci, selon le père Lombardi, directeur du service de presse du Saint-Siège, devait « poser le problème du rapport entre cette institution et la mission de l'Église, et ajuster sa structure et ses activités aux exigences des temps et aux principes de l'Évangile ». À sa tête, il nommait Mgr Battista Ricca « prélat de l'Institut des œuvres de religion », un poste assorti de pouvoirs élargis. Mgr Ricca, unique intermédiaire entre le pape et l'IOR, pourrait superviser toutes les instances qui gouvernaient la banque du Vatican, son conseil de surveillance et son conseil d'administration. Référent du pape, il était celui qui devait guider la réforme de cet institut, lui impulser ses grandes lignes. Il était d'ailleurs nommé de façon provisoire, « ad interim », comme toujours lorsqu'il s'agissait de mener le travail de décisions et de basses œuvres propre à toute réforme de fond. C'était donc une nomination très politique ; pour tous, le pape plaçait là un homme de confiance.

Mgr Battista Ricca était connu pour ses grandes qualités de gestionnaire et on les avait vantées à François pour qu'il procède à sa nomination. Mais on avait omis de dire au pape comment le prélat italien s'était rendu tristement célèbre : quelques jours après sa nomination officielle, le journal *L'Espresso* se faisait une joie de le révéler. Quelques années auparavant, Mgr Battista Ricca avait été muté de Berne à Montevideo, en Uruguay. Il avait entraîné dans ses pérégrinations son amant, un ancien capitaine de l'armée suisse, Patrick Haari. Pendant la longue vacance du poste de nonce apostolique en Uruguay, Ricca avait installé son ami à l'ambassade ; il lui avait octroyé un appartement, un poste et un salaire. Et les deux hommes avaient donné libre cours à leur tempérament. Le personnel de la nonciature s'était offusqué de leurs mœurs. Il s'était indigné d'avoir dû rechercher Mgr Ricca dans le quartier réservé à la prostitution masculine, où il avait été gravement passé à tabac, puis d'avoir découvert, avec les pompiers stupéfaits, à l'ouverture de l'ascenseur où il était resté bloqué pendant la nuit, que Mgr Ricca était en compagnie d'un jeune péripatéticien. Lorsque le nouveau nonce, le Polonais Janusz Bolonek, s'était installé à Montevideo, en 2001, il avait été informé des frasques du prélat italien. Il avait immédiatement demandé son transfert à Rome puis avait licencié Patrick Haari. Pour autant, il n'était pas au bout de ses mauvaises surprises. Avant son propre départ de Montevideo, Patrick Haari avait préparé une valise diplomatique pour Mgr Ricca, à lui expédier à Rome. Le nonce avait jugé prudent d'en inspecter le contenu : la valise contenait une arme à feu et un abondant matériel pornographique. Le choc avait été rude pour le pape François. Il avait laissé entendre sa « douleur d'avoir été tenu dans l'ignorance », et sa « volonté de remédier à cette nomination », le temps de vérifier la véracité des faits.

Deux semaines plus tard, le 18 juillet, Sandro Magister, le journaliste de *L'Espresso*, décidément très bien informé, s'étonnait encore, dans ses colonnes, de la nomination de Francesca Immacolata Chaouqui, le 18 juillet 2013, à la commission chargée de l'audit financier de l'IOR. Le journaliste de *L'Espresso* soulignait que Chaouqui était une informatrice régulière du site Dagospia, spécialisé dans les indiscrétions sur le Vatican. N'avait-elle pas adressé des tweets pour annoncer la « corruption de Tarcisio Bertone », le secrétaire de la curie, ou la prétendue « leucémie dont Benoît XVI souffrait depuis un an » ? Mais qui avait proposé son nom à François ? Qui donc avait effacé du dossier de Battista Ricca le scandaleux épisode d'Uruguay ?

Pour beaucoup, au Vatican, on avait tenté de piéger le souverain pontife et ces deux affaires avaient tous les aspects d'une sombre machination. Espérait-on faire croire que le pape soutenait le lobby gay, puisqu'il connaissait effectivement Battista Ricca ? – celui-ci, à son retour d'Uruguay, avait pris la direction de la maison Sainte-Marthe où le pape logeait. Voulait-on, de surcroît, obliger le souverain pontife à maintenir Battista Ricca à son poste, en jouant sur sa crainte probable de se voir taxer d'homophobie s'il le démettait de ses fonctions ?

C'était ignorer le caractère et la détermination de Jorge Mario Bergoglio, c'était aussi méconnaître ses qualités de fin stratège – une des forces de son travail, comme ses collaborateurs portègnes le reconnaissaient. « Un stratège qui ne parle pas pour parler, ni n'agit pour agir », avaient témoigné ses proches – une poignée d'hommes sur lesquels il s'appuyait en toute confiance et avec eux, ses deux évêques auxiliaires, Eduardo Garcia et Raúl Martín. « Jésus lui-même nous l'a dit : soyez rusés comme des serpents, purs comme des colombes ! » leur recommandait-il et lui-même s'était évertué à mettre ensemble ces deux qualités, qui semblaient si incompatibles à beaucoup, pour en faire « une grâce et un don du Saint-Esprit ». Mais s'il accordait de grandes marges de liberté à son clergé, il n'avait jamais toléré la moindre ambiguïté, dans aucun domaine. Nombreux étaient les prêtres dont il avait exigé, au cœur de turbulences émotionnelles, qu'ils se mettent en congé, quoi qu'en pensent l'opinion publique et ce qu'en-dira-t-on qu'il exécrait mais qui n'avait aucune prise sur lui. « Au moindre problème, au moindre vertige, vous pouviez l'appeler et il venait. Vous pouviez lui ouvrir votre cœur, confesser vos troubles. Il vous écoutait, sans vous juger », m'avait confié le jeune père Roberto Sosa González. Puis il demandait à ses prêtre de choisir leur voie, sans jamais faire peser sur eux le moindre anathème. « Mais il fallait choisir. Partir, ou faire pénitence et rester. »

Gare à qui cultivait l'ambiguïté ! Au cours d'une messe à Sainte-Marthe, le vendredi 8 novembre, le pape proposait une réflexion sur la figure de l'administrateur malhonnête, tel qu'en parlait l'Évangile de Luc (16, 1-8) : « Le Seigneur, avait-il commenté, nous parle encore une fois de l'esprit du monde, de la mondanité : comment agit cette mondanité et à quel point elle est dangereuse. Et Jésus, précisément lui, dans la prière après la cène du Jeudi saint, priait le Père afin que ses disciples ne tombent pas dans la mondanité ni dans l'esprit du monde. La mondanité, avait réaffirmé le pape, voilà l'ennemi. » Et c'est précisément l'atmosphère, le style de vie typique de la mondanité – c'est-à-dire vivre selon les « valeurs » du monde – « qui plaît tant au démon. »

Alors il avait procédé à des remaniements, sans état d'âme. Le 15 janvier 2014, le Saint-Siège annonçait la nomination, pour un mandat de cinq ans, à la commission de cardinaux supervisant l'Institut pour les œuvres de religion (IOR), le cardinal bordelais Jean-Louis Tauran, le cardinal Pietro Parolin, son secrétaire d'État, le cardinal autrichien archevêque de Vienne, Christoph Schönborn, l'archevêque canadien de Toronto, le cardinal Thomas Christopher Collins et le cardinal espagnol Santos Abril y Castelló, archiprêtre de la basilique Sainte-Marie-Majeure.

Avec la même poigne, il avait remanié la Congrégation pour les évêques, qui régit la nomination des évêques dans le monde entier. Il avait remercié le cardinal ultraconservateur Raymond Burke, une figure clé dans les conflits sociaux américains sur l'avortement et le mariage gay. Il avait aussi radié le chef de la Conférence épiscopale italienne, Angelo Bagnasco, ainsi qu'un autre cardinal conservateur, Maurizio Piacenza. Il leur avait préféré des prélats « de terrain », de tendance plus pastorale. Enfin, il avait annoncé une restructuration du Sacré Collège, l'instance qui serait chargée d'élire le prochain souverain pontife, qui prendrait effet lors du consistoire du 22 février 2014. Il avait remercié quelques prélats réputés pour leur carriérisme ecclésial, les archevêques de Turin et de Bruxelles, le patriarche de Venise, le bibliothécaire de la Sainte Église romaine. Avec ces choix, il confirmait son désir d'une Église plus ouverte sur le monde, un peu moins européenne et beaucoup moins italienne. Les dix-neuf cardinaux qui seraient créés représentaient douze pays différents, dont dix de l'hémisphère Sud. Il avait surpris en nommant Gualtiero Bassetti, le discret archevêque de Pérouse, et déçu beaucoup de prétendants traditionnels. Il avait salué le courage de la population martyre haïtienne en créant cardinal le jeune Mgr Chibly Langlois, et la fidélité au bon Jean XXIII de son secrétaire, Loris Capovilla, qui allait avoir quatre-vingt-dix-neuf ans.

François avait précisé plusieurs fois qu'il voulait une curie plus réceptive aux besoins des évêques des communautés. Comme lui à Buenos Aires, ceux-là se plaignaient depuis longtemps des interventions tardives, pesantes ou inutiles de Rome, et parfois de son ingérence. Il allait enfin, moins d'un an après son élection, présider le troisième sommet de son groupe de huit conseillers cardinaux et étudier la première série de leurs propositions qui visaient à réformer la bureaucratie du Saint-Siège.

Il avait pardonné, mais il n'avait rien oublié.

XXXVI

La rue Jose Hernandez descend doucement sous les grands arbres qui lui font encore un peu d'ombre. En cette fin d'automne, Buenos Aires a mis ses couleurs pastel, son ciel de porcelaine et sa lumière tendre. Une brise large et tiède sourit aux passants. On repère de loin le numéro 1750, où se tient, dans un grand immeuble moderne du quartier de Belgrano, le séminaire rabbinique latino-américain Marshall Meyer. Devant le bâtiment, des barrières anti-voiture kamikaze et un poste de contrôle blindé rappellent l'attentat qui avait détruit l'AMIA, la mutuelle juive d'Argentine, en juillet 1994, il y a presque vingt ans, et fait quatre-vingt-cinq morts. On peine à comprendre ce que le Hezbollah libanais, que certains ici disent avoir été télécommandé par l'Iran, cherchait en ce bout du monde et plus encore à croire que dans cette ville large, ouverte, confiante, des terroristes puissent encore fomenter un attentat.

Abraham Skorka m'avait donné rendez-vous dans ces locaux pour me parler de son ami, Jorge Mario Bergoglio, qui était devenu le pape François quatre mois auparavant, avec qui il avait réalisé une série d'entretiens, *Sur la Terre comme au Ciel*, sur la famille, la foi, le rôle de l'Église, l'amour, les femmes ou encore la politique... Au nombre des trois grandes préoccupations de Jorge Mario Bergoglio, avec l'éducation et la justice sociale, il y a le dialogue interreligieux. Et rien ne peut mieux illustrer la profonde espérance du pape dans ce domaine que son amitié fraternelle pour le rabbin Skorka. À peine étais-je entrée dans son bureau que Skorka me montrait le diplôme *honoris causa* que lui avait délivré l'Université catholique de Buenos Aires à la demande de l'archevêque Bergoglio. « Le recteur de l'université m'a téléphoné en octobre 2012 pour m'annoncer la nouvelle. Le père Jorge assistait bien sûr à la cérémonie. » Skorka avait insisté : « C'était un acte révolutionnaire, le premier du genre en Amérique latine : Me décerner à moi, juif, rabbin, ce diplôme ! Après la remise, Bergoglio m'a dit : "Tu ne peux pas imaginer combien j'ai rêvé d'un moment comme celui-ci !" »

En vérité, l'amitié des deux hommes remontait à 1999. À l'occasion de la Fête nationale argentine, Abraham Skorka avait été invité, avec les représentants des autres religions, au *Te Deum* traditionnel. « À la fin de la cérémonie, je suis allé saluer, comme tout le monde, l'archevêque de Buenos Aires. Il y avait beaucoup de monde et on m'avait conseillé d'être bref, mais lorsque je lui ai serré la main après avoir brièvement commenté son homélie, il m'a fait un grand sourire, et il a plaisanté sur notre amour commun du football. À la différence près que lui était fan, comme tout le monde le sait maintenant, du club de San Lorenzo, tandis que je l'étais du club de River Plate. » Abraham Skorka avait été séduit par la simplicité cordiale du prélat. Les deux hommes s'étaient revus de temps à autre. « Et puis un jour, après une défaite, je l'avoue, cuisante, de l'équipe de River Plate, Bergoglio m'a téléphoné pour m'inviter à déguster un ragoût de poulet. » le rabbin Skorka avait ri et précisé : « Vous ne pouvez pas comprendre la plaisanterie. Les "poulets", c'est le nom qu'on donne aux joueurs de River... J'ai accepté l'invitation et nous sommes devenus deux amis, et même, deux frères. » Pendant leurs rencontres, chacun interrogeait l'autre sur les réponses qu'apportait sa religion aux questions que la société, l'actualité ou la politique leur posaient tous les jours. « Un jour, nous avons décidé de publier ces conversations. Il nous semblait qu'elles proposaient un beau début de dialogue entre nos deux communautés. » Ces conversations avaient fait l'objet d'un programme de télévision de trente épisodes, qui avait été diffusé sur la chaîne de l'archidiocèse de Buenos Aires, Canal 21, et sur la chaîne juive locale, Canal 10. Puis ces propos avaient donné lieu à un livre. « Il s'est passé quelque chose de très fort lorsque nous préparions ces émissions. Nous travaillions avec un journaliste qui se chargeait de retranscrire nos échanges. Nous avons découvert que tous les trois, nous étions à la veille de subir un deuil. Mon beau-frère, le frère de Bergoglio et la mère du journaliste étaient en train de mourir. J'étais plongé dans un profond désarroi – sans même évoquer mon chagrin. Alors Jorge Mario Bergoglio nous a fait comprendre ce que voulait dire *mourir*. "Mourir, m'a-t-il dit, c'est avoir la force de remettre son âme à Dieu." Et à la façon dont il me l'a dit, dont il habitait ses mots, la façon dont il m'a regardé, alors j'ai ressenti une grande consolation, et je garde depuis ce baume au cœur. »

Lorsqu'il avait écrit son livre d'entretiens avec les journalistes argentins Ambrogietti et Rubin, Jorge Mario avait prié Abraham Skorka de le préfacer. « Ce fut un signe très fort, non seulement pour moi mais pour tous les juifs. Il s'engageait généreusement, non seulement avec moi mais, à travers moi, avec le judaïsme. » Les deux religieux avaient abordé de nombreux sujets ensemble, mais ils n'avaient jamais parlé explicitement de Dieu. « Bien sûr, il était toujours entendu qu'Il était présent. » Il n'avait jamais été question de convertir l'autre, mais d'enrichir sa propre foi de celle de l'autre. « Quand deux ou trois sont réunis en mon nom, je suis là, au milieu d'eux », avait dit Jésus (Mt 18, 15-20). Et entre eux, pour cette raison, le dialogue avait toujours été facile. « Le pape François incarne la plus belle définition de l'homme de foi : un homme d'espérance. Je ne crois pas que nous verrons un jour le monde dont nous rêvons tous les deux, un monde dans lequel chacun pourra vivre sa propre religion dans l'amitié des autres, sans rien renier de sa relation singulière à Dieu, ni de sa façon de Le prier. Mais grâce à lui, je reste persuadé que mes petits-enfants le verront. »

Jorge Mario Bergoglio avait étendu ce désir de dialogue aux autres communautés religieuses de Buenos Aires. Lui qui disait toujours « Pour être un bon chrétien, il faut être un bon juif », avait aussi organisé des rencontres entre Sergio Bergman et Daniel Goldman, et le dirigeant du Centre islamique de la République argentine, Omar Abboud. Quant au rabbin Daniel Goldman, il avait intégré l'Institut du dialogue interreligieux, aux côtés du prêtre Guillermo Marco, des représentants de l'Église évangélique baptiste, et d'Omar Abboud. Jorge Bergoglio avait trouvé le parfait mode d'entente entre tous : l'Institut reposait sur les leaders spirituels et non sur les lignes de conduite ou les mots d'ordre de leurs religions respectives. Ni prosélytisme ni syncrétisme. Le respect de l'autre était le présupposé des rencontres, ainsi que l'abandon de toute défiance préalable. « Grâce à lui, même les synagogues se remplissent ! » m'avait dit, enthousiaste, le rabbin Skorka.

Il se réjouissait que la promesse faite par l'archevêque de Buenos Aires, le pape François l'ait tenue : « Ouvrir les archives et que tout soit tiré au clair. On verra alors ce qu'il en est et, si erreurs il y a eu, nous devrons les reconnaître. Il ne faut pas avoir peur. La vérité passe avant tout. » Ce dont il était question ? La conduite de Pie XII pendant la Seconde Guerre mondiale. À la veille du pèlerinage en Terre sainte que le Saint-Père accomplira du 24 au 26 mai, la publication des archives secrètes, que réclamait depuis des années le Congrès juif mondial, jetterait enfin les derniers ponts entre les deux rives, la juive et la catholique. L'hypothèse avait été confirmée par le père Federico Lombardi : « Ce sera possible dans un an ou un an et demi. Il faut du temps pour le travail de classement des documents, avant de permettre leur consultation » ; leur informatisation, avait annoncé Mgr Sergio Pagano, était enfin achevée. Le préfet des Archives vaticanes avait par ailleurs promis des « découvertes étonnantes ». Ainsi, tous les éclaircissements seraient enfin apportés à ce sujet de polémique récurrent, alimenté par des fantasmes extrêmes – Pie XII était coupable de complicité tacite avec la Solution finale, ou Pie XII était un saint résistant. François apporterait, à la lumière de l'Histoire, celle de la Vérité.

Ce voyage en Terre sainte saurait-il, aussi, initier un dialogue fécond avec l'islam ? Le pape François avait toujours entretenu d'excellentes relations avec les représentants de la religion musulmane en Argentine. Il avait confirmé cette philosophie et, dès les fêtes de Pâques, annoncé sa volonté de ménager les musulmans. Avec audace, et le poids vivant de tout son vouloir, il avait demandé qu'une musulmane fît partie des douze jeunes prisonniers à qui il laverait les pieds, lors de la traditionnelle cérémonie du Jeudi saint, qu'il avait célébrée dans une prison de la banlieue de Rome. Beaucoup, dans les rangs catholiques, avaient frémi ; on l'avait taxé de laxisme, de faiblesse, pire, de saper le moral des communautés chrétiennes qui souffraient le martyre en terre d'Islam. François avait résisté à la tentation de l'ostracisme, quand bien même, comme l'avait fait remarquer le cardinal Tauran, les chrétiens n'avaient rien à se reprocher dans ces hostilités et ces persécutions. « Le problème vient d'eux, pas de nous. » François n'était pas dupe ni aveuglé par l'illusion d'une immense fraternité. Mais il était résolu à faire entendre la parole juste des Évangiles, et le timbre de la Paix – ou du moins, là encore, à jeter un pont, comme l'avait fait en son temps celui dont il avait pris le nom, François d'Assise. Dans le climat irrespirable de guerre civile qu'il traversait, le *Poverello* avait proposé cette lumière de croire en la bonne foi de l'étranger – l'ennemi. Après deux tentatives infructueuses, en 1219, il était parvenu, en plein cœur de la cinquième croisade, à rencontrer le sultan d'Égypte.

« François d'Assise reste lui-même, en vérité, mais tourné vers l'autre avec humilité. Et il se pose là où deux mondes s'affrontent et se rejettent, comme Jésus a placé sa vie sur les fractures de l'humanité », avait écrit, en 1996, Pierre Claverie, l'évêque d'Oran assassiné. Existait-il meilleur portrait du pape François ? Tourné vers l'autre avec humilité ? Sans rien renier de sa foi, ni de son intégrité ? Dans cet esprit, lors de sa première intervention devant le corps diplomatique, le 22 mars 2013, le Saint-Père avait encore souligné la nécessité d'« intensifier le dialogue entre les différentes religions ». « Je pense surtout au dialogue avec l'islam », avait-il insisté. Et il s'était félicité, avec chaleur et de sa voix douce, de la présence à sa messe d'intronisation « de nombreuses autorités civiles et religieuses du monde islamique ».

Pour l'*Aïd al-Fitr*, la fin du ramadan, il avait fait un pas de plus sur ce chemin et appelé chrétiens et musulmans à abattre les barrières de la méfiance et du mépris. Il les avait invités au « respect mutuel ». Et c'était en son nom propre, de sa main, avec cette simple signature, *François*, qu'il avait paraphé le message annuel du Conseil pour le dialogue interreligieux du Vatican. Il l'avait fait « comme expression d'estime et d'amitié envers tous les musulmans, spécialement envers leurs chefs religieux », qu'il avait par ailleurs appelés « chers amis ». Dans ce document, à son habitude, François exhortait au respect mutuel, à l'éducation généreuse de ce respect, et au rejet de la critique injustifiée ou diffamatoire.

Laxiste ? Juste, droit, vrai et courageux. Ce qu'il demandait aux catholiques – le comprendre –, il le demandait aussi aux musulmans, qu'il invitait à ne pas traiter les chrétiens en citoyens de seconde zone, ni les expulser de leurs terres d'origine, comme au Moyen-Orient. Il avait aussi pointé les lieux où les chrétiens étaient interdits de culte, et parfois, à cause de leur culte, tués ou contraints à l'exil. Les relations entre islam et christianisme s'étaient tendues en 2006 après la controverse de Ratisbonne. Elles s'étaient rompues, sur décision de la mosquée Al-Azhar du Caire, haute autorité du sunnisme, en 2011, après que le pape avait condamné un attentat à Alexandrie qui avait tué de nombreux chrétiens. François était néanmoins parvenu à renouer le fil.

« On ne peut vivre des liens véritables avec Dieu en ignorant les autres. » On ne peut pas toujours vouloir la guerre. François avait élevé la voix pour clamer, place Saint-Pierre, sa colère contre l'idée d'une solution militaire en Syrie. « Mon cœur est angoissé par les développements dramatiques qui s'annoncent. Plus jamais la guerre ! La guerre appelle la guerre ! La violence appelle la violence ! » Cette irruption d'une force de paix dans le monde, quand toutes les consciences semblaient avoir largement admis le principe des représailles, proposées par la France et les États-Unis, avait-elle conquis et convaincu les musulmans des bonnes intentions du chef catholique ? Il avait appelé tous les chrétiens, et, bien plus largement, tous les hommes de bonne volonté, croyants ou pas, à une journée de jeûne pour protester contre les dérives guerrières proposées au Moyen-Orient. Puis il avait écrit aux chefs d'État réunis à Saint-Pétersbourg, pour leur demander de renoncer « à la poursuite inutile d'une solution militaire ». Et il avait été entendu.

Jamais la guerre n'avait accouché de société meilleure, jamais elle n'avait révélé l'idéal en l'homme. Mais l'espérance, la bonté, ce pari inouï de l'amour ? En Tunisie, la nouvelle Constitution, votée à l'aube de 2014 par une majorité islamiste, n'avait-elle pas interdit le crime d'apostasie, cette autorisation de tuer tout musulman qui renie sa foi pour en embrasser une autre ?

« L'un et l'autre sont le frère et la sœur à aimer. La relation avec le Dieu qui est amour, fidélité, bonté se reflète dans toutes les relations entre les êtres humains, et apporte l'harmonie à la création tout entière. Le monde de Dieu est un monde dans lequel chacun se sent responsable de l'autre, du bien de l'autre, avait-il dit, lors de la veillée de prière pour la paix en Syrie. Ce soir, dans la réflexion, dans le jeûne, dans la prière, tous nous pensons au fond de nous-mêmes : n'est-ce pas le monde que nous désirons ? »

XXXVII

Ce mardi 12 mars 2013, le cardinal doyen, Angelo Sodano, avait présidé la messe *Pro Eligendo romano pontifice*. La pluie s'était muée en orage et le ciel avait des bruits de meubles qu'on déménage. Le monde semblait craquer autour d'eux. Les cent quinze cardinaux appelés pour élire le souverain pontife étaient réunis dans l'énorme basilique Saint-Pierre.

Cet après-midi même, ils entreraient dans la chapelle Sixtine, et le maître des cérémonies pontificales, Mgr Guido Marini, fermerait les portes, sous l'œil des caméras de la télévision vaticane et alors il faudrait donner un nom, choisir l'un de ces cent quatorze hommes pour en faire un pape. Pour l'heure, Jorge Mario Bergoglio écoutait l'homélie que prononçait Mgr Sodano, et sans doute s'étonnait-il de la teneur de ses paroles. S'était-il, lui aussi, laissé toucher par l'intervention du cardinal argentin, lors de la congrégation générale où il avait défendu « la douce joie d'évangéliser » ? Il l'écoutait évoquer la possibilité d'une papauté de miséricorde, où triompheraient l'amour et la charité. Il rappelait l'encyclique de Paul VI, *Populorum Progressio*, à laquelle Mgr Bergoglio avait toujours porté une attention particulière. Le texte s'étendait sur la justice sociale et le principe de solidarité.

Ce vœu pieux de Sodano épousait-il les figures des deux grands favoris, Angelo Scola, le plus favori des deux, archevêque de Milan, de cinq ans son cadet, et Odilo Pedro Scherer, né en 1949 ? Pendant les congrégations générales qui avaient précédé le conclave, Scherer s'était opposé à l'idée d'une réforme radicale de la banque vaticane – et les cardinaux avaient été ébranlés par ce refus. L'appartenance du Brésilien au conseil d'administration de l'IOR expliquait mal sa réticence, sauf à imaginer que Scherer manquait d'une vision large et généreuse de l'Église. Dans les réformes de la curie, dont personne ne niait l'urgence, l'IOR apparaissait l'indispensable changement de fond à opérer.

Cette homélie de Mgr Sodano, ce surgissement de douceur et de miséricorde dans l'idéal de la future Église, rassurait Mgr Bergoglio. Il pouvait percevoir la mutation profonde qui s'était opérée entre le précédent conclave et la préparation de celui-ci. Bien qu'elle ait été prévue, tristement attendue, la mort du géant Jean-Paul II avait laissé l'Église comme assommée. Tous avaient ressenti le besoin d'une pause, d'une transition et tous s'étaient ralliés à la figure d'un conservateur. Joseph Ratzinger garantirait encore quelques années l'illusion que cette Église italienne, d'encens et de dentelles, ne disparaîtrait jamais. Or, ce désir de sécurité dans la continuité s'était évanoui. Pressentaient-ils qu'avec Jean-Paul II, une certaine Église voire toute une civilisation chrétienne basculaient dans un passé à jamais révolu ?

En ces premiers mois de 2013, un vent révolutionnaire s'était engouffré dans la curie. La renonciation de Benoît XVI semblait avoir ouvert toutes les fenêtres du Vatican sur le monde. Cette démission elle-même était révolutionnaire. Elle semblait autoriser de nouvelles expériences. Les cardinaux désiraient cette nouveauté ; ils attendaient un changement. Ils avaient perçu ce frémissement dans les interventions préparatoires. Dès le 4 mars, ils avaient évoqué la réforme de la curie et la collégialité du pouvoir pontifical. Comment ne pas éprouver ce désir ? Il suffisait de regarder autour de soi, où qu'on soit, d'où qu'on soit, pour constater la nécessité d'un renouveau, et le synode sur la nouvelle évangélisation qui s'était tenu au Vatican, au mois d'octobre 2012, en avait posé l'urgence. Le cardinal américain Donald William Wuerl avait alors résumé la situation dans une formule choc – l'Église était frappée par le tsunami de la sécularisation. L'hédonisme, l'eugénisme, le consumérisme, mais aussi l'alcool, la drogue et le prozac, la réduction du Temps de Dieu à l'Instant des hommes, dans le brouhaha des flots d'information et du flot des commentaires de l'information, permettaient-ils encore d'entendre l'Évangile ? Quelle parole, quelle attitude, quel signe pouvait inviter à la conversion – cette rencontre avec Jésus, et l'émerveillement devant Sa personne ? Qu'est-ce qui pouvait encore donner à entendre ce souci de la personne humaine que l'Église portait en son cœur ? Comment répondre à la crise spirituelle que nul ne contestait mais à laquelle on interdisait à l'Église de répondre ? Stopper l'hémorragie d'âmes ? « Notre entendement n'est pas la lumière du monde, c'est un simple éclair qui vient illuminer notre foi. Le pire qui peut arriver à un être humain, c'est de se laisser entraîner par les "lumières" de la raison. Il deviendra un intellectuel ignorant ou un "savant en liberté" », avertirait le pape François, le 17 août 2013, dans l'une de ses homélies du matin, en la chapelle de la maison Sainte-Marthe.

Que faire contre ce relativisme moral qui hantait Benoît XVI ? Jorge Mario Bergoglio, comme le pape émérite, s'était toujours inquiété de cette maladie rampante. En Argentine, il lui avait trouvé un début de remède : il prenait soin de toujours remettre en perspective le mystère du Mal, et la question que ce mystère posait et dont personne ne pouvait faire l'économie. Il l'appelait par son nom : le Diable, Satan, au risque du rire et de l'ironie. « Celui qui ne prie pas le Seigneur prie le Diable », citait-il, avec les mots de Léon Bloy. Il ne craignait pas les sarcasmes et là résidait sa force. Qui oserait contester que les sociétés sécularisées, impuissantes à résoudre ce mystère, incapables aussi de le dissoudre dans le processus de désacralisation qu'elles avaient mis en place, s'exerçaient à le nier en refusant de l'évoquer ? Par ce subterfuge, elles éludaient aussi toute la question de l'existence. Elles y parvenaient d'ailleurs, avec succès : dans un sondage de 2011, cinquante-neuf pour cent des Français avaient assuré que, pour eux, « la question du sens de la vie ne se posait pas, ou assez rarement ».

Jorge Mario Bergoglio, grand lecteur de Dostoïevski, se souvenait-il, dans ces heures de prière, du cri de Mitia, dans *Les Frères Karamazov* : « Que faire si Dieu n'existe pas, si Rakitine a raison de prétendre que c'est une idée forgée par l'humanité ? Dans ce cas l'homme serait le roi de la terre, de l'univers. Très bien ! Seulement, comment sera-t-il vertueux sans Dieu ? Je me le demande. […] En effet, qu'est-ce que la vertu ? Réponds-moi Alexeï. Je ne me représente pas la vertu comme un Chinois, c'est donc une chose relative ? L'est-elle, oui ou non ? Ou bien elle n'est pas une chose relative ? Question insidieuse. […] Si Dieu n'existe pas, alors tout est permis ? »

Que faire contre ce détachement de Dieu ? Contre cette vague honte que le siècle inculquait aux chrétiens, et plus encore aux catholiques ? Où étaient les grands écrivains catholiques du siècle passé ? Les grands artistes et les poètes chrétiens ? Les Max Jacob, Paul Claudel ou Francis Jammes qui écrivait : « Le poète est ce pèlerin que Dieu envoie sur la terre pour qu'il y découvre les vestiges du Paradis perdu et du Ciel retrouvé » ? Léon Bloy ou Joseph Malègue que Jorge Mario Bergoglio aimait tant lire ? Les prêtres eux-mêmes se laissaient fondre dans la masse. Lorsqu'il avait débarqué à l'aéroport de Rome pour assister à ce consistoire, Bergoglio avait salué le cardinal de Manille Luis Antonio Tagle, habillé comme n'importe quel autre voyageur. « Tu sais qu'hier, à l'aéroport, j'ai rencontré un garçon qui était ton portrait craché ? » avait plaisanté l'archevêque de Buenos Aires en le retrouvant le lendemain, vêtu en cardinal, dans la salle Clémentine. En vérité, cette dissolution du curé dans la foule, il s'en attristait. Combien de fois, à Buenos Aires, dans la rue, des âmes en peine l'avaient spontanément abordé pour lui réclamer le secours de son attention, et parfois, celui d'une confession ?

Que faire contre ce détachement de Dieu, si ce n'était parler de Lui inlassablement, partout où on ne voulait plus en parler ? Engager l'Église à sortir d'elle-même pour aller à la rencontre des hommes, et incarner l'Évangile en en donnant l'exemple, il ne trouvait pas d'autre solution. « Je pense à toutes les fois où Jésus frappe depuis l'intérieur pour que nous le laissions sortir », avait-il dit quelques jours auparavant, aux cardinaux.

Il regardait le chœur que formaient les cent quinze cardinaux, cet ensemble humain pourpre et blanc. Ceux qui désiraient le pouvoir, et ceux qui ne le voulaient pas. Il existait, attenant à la chapelle Sixtine, une chambre de neuf mètres carrés, *la stanza delle lacrime*. La chambre des larmes. Elle faisait office de chambre de décompression entre les deux vies de celui qui venait d'être élu. Là, il se recueillait. Là, il quittait l'habit de cardinal pour revêtir l'aube papale. Là, souvent, il pleurait comme avait pleuré Karol Wojtyla. Il entrait dans l'immense solitude du pouvoir à laquelle il ne pourrait plus jamais échapper. Elle serait grande pour le prochain vicaire du Christ – à la mesure de la charge à accomplir.

La hiérarchie ecclésiastique n'était pas la seule à espérer des réformes. Pour la première fois, et c'était un phénomène nouveau dans l'histoire des conclaves, le monde extérieur exerçait une pression sur la curie pour exiger un changement, ou tout du moins des réponses précises à des problèmes précis. Ces derniers jours, le déroulement des congrégations générales avait été perturbé par des associations qui réclamaient l'éviction du consistoire de l'archevêque émérite de Los Angeles, Roger Mahony. Ces associations de défense des victimes de pédophilie avaient formulé les mêmes demandes contre le cardinal belge

Godfried Danneels et le cardinal irlandais Sean Brady, accusés eux aussi d'avoir protégé des prêtres pédophiles. Les victimes d'actes pédophiles réclamaient justice et que la vérité soit faite. Certes, aucun des trois n'était directement impliqué dans ces crimes. Mais, rappelaient ces associations, ils avaient laissé en liberté des prêtres pédophiles et les avaient « couverts » en les mutant dans d'autres paroisses. Ils avaient étouffé les scandales de peur qu'ils n'éclaboussent l'Église tout entière. Le vaticaniste Andrea Tornielli, dans son livre *Le Pape des pauvres*, a souligné combien « la bataille contre la participation du cardinal Mahony au conclave, au nom du politiquement correct, représentait une pression indue qui risquait de transformer le conclave en un mauvais programme de téléréalité, dont les candidats "nommés" par le public pourraient être expulsés par l'envoi d'un simple SMS ». Par ailleurs, le Saint-Siège avait publié une note très sèche pour mettre fin au procédé et s'élever contre des amalgames diffamatoires.

Il n'empêche... S'il était vrai que l'ingérence du monde laïc dans les questions qui appartenaient au sacré était de plus en plus manifeste, s'il était vrai qu'au prétexte qu'ils n'étaient pas croyants, beaucoup s'arrogeaient le droit de juger une institution qui ne les concernait pas, ces protestations avaient aussi manifesté un immense malaise des fidèles. Les fidèles : l'*ecclesia,* l'assemblée, la véritable épouse du Christ. Eux aussi attendaient des signes de pénitence, et que ses pasteurs se ressaisissent pour, enfin, en haut lieu, depuis Rome, donner l'exemple. Comment le pape lutterait-il contre la sécularisation si la curie elle-même s'abandonnait à ses pires dérives ? Si elle se livrait à Satan et à la mondanité tant haïe ? Si elle cédait à la débauche, à la convoitise et à l'appât du gain ? Ils étaient peu, sans doute, à être contaminés. Mais auraient-ils été deux à peine, ou un seul, c'était deux de trop, un de trop. François le dirait plusieurs fois : ces prêtres étaient « la honte » de l'Église. Ils avaient fait de l'Église « un objet de dérision et de mépris ».

À Buenos Aires, Bergoglio avait toujours tendu l'oreille à la souffrance des plus démunis, au désarroi des victimes. Il avait prêché que le soin et la protection des plus faibles primaient toute autre urgence. Les enfants, et les anciens. Il n'avait jamais tergiversé avec ces questions. Il tranchait, avec le glaive de la justice.

Aussi, le 23 octobre, François, alors pape, ordonnerait l'« éloignement » de son diocèse de l'évêque allemand Franz-Peter Tebartz-van Elst, surnommé « l'évêque de luxe ». À cinquante-trois ans, le prélat avait commandé la construction d'une nouvelle résidence, facturée trente et un millions d'euros, meublée d'une baignoire de quinze mille euros, d'une table de conférence de vingt-cinq mille euros et assortie d'une chapelle privée de trois millions d'euros… « La décision du pape François offre la chance d'un nouveau départ au sein de l'évêché de Limbourg car la situation de ces dernières semaines était devenue pesante, tant pour les croyants là-bas que pour l'Église dans l'ensemble de l'Allemagne », avait remercié, dans un communiqué, le Comité central des catholiques allemands. À ceux qui avaient jugé la sanction violente, François leur redonnait à entendre Jésus quand il avait chassé les marchands du Temple. « Il fit un fouet avec des cordes, et les chassa tous du Temple ainsi que leurs brebis et leurs bœufs ; il jeta par terre la monnaie des changeurs, renversa leurs comptoirs, et dit aux marchands de colombes : "Enlevez cela d'ici." Ne faites pas de la maison de mon Père une maison de trafic. Ses disciples se rappelèrent cette parole de l'Écriture : *L'amour de ta maison fera mon tourment* » (Jn 2, 13-17). Le 5 septembre, il relèverait de ses fonctions le Polonais Józef Wesolowski, nonce à Saint-Dominique, coupable de relations sexuelles tarifées avec des mineurs. Enfin, il ordonnerait par un *motu proprio* – acte législatif pris et promulgué « de son propre chef » – la réforme du code pénal de l'État du Vatican. Décidée le 11 juillet, préparée pendant le mois d'août, elle entrerait en vigueur le 1er septembre.

Elle était nécessaire : le code pénal du Vatican datait de 1929 et ne comportait aucun article précis sur les crimes sexuels. Aucun n'y échapperait : le nouveau code s'appliquerait désormais à tous ceux qui étaient considérés comme des « fonctionnaires publics », c'est-à-dire à tous les membres, responsables et salariés des organismes de la curie et des institutions qui y étaient liées.

Les nouvelles mesures durcissaient les sanctions pénales contre tout abus commis contre des mineurs, au Saint-Siège et dans la curie. Les crimes pédophiles et la prostitution de mineurs étaient sévèrement réprimés, soit « l'ensemble de la catégorie des délits contre les mineurs : la vente, la prostitution, l'enrôlement et les violences sexuelles à leur encontre, la pédopornographie, la détention de matériel pédopornographique et les actes sexuels avec des mineurs ».

Le nouveau code intégrait les quatre conventions de Genève : contre les crimes de guerre, la convention internationale sur l'élimination de toute forme de discrimination raciale, la convention contre la torture et les traitements inhumains et dégradants et la convention de 1989 sur les droits de l'enfant. Le décret papal prévoirait aussi « l'adoption de mesures de coopération adaptées aux plus récentes conventions internationales » en matière de coopération judiciaire entre le Vatican et les autres États, notamment pour les crimes tels que le blanchiment d'argent et le terrorisme. La réforme élargissait par ailleurs la responsabilité pénale des responsables de la curie romaine, le gouvernement de l'Église catholique. Désormais, la justice était autorisée à les inculper, quand bien même il s'agirait de crimes commis en dehors de l'État du Vatican.

François se rappellerait aussi la grande vocation de l'Église, celle des congrégations de Saint-Vincent-de-Paul, ouvertes largement pour accueillir les plus faibles. Mais si l'Église, à qui on confiait ces enfants, en abusait ? Alors, le pape avait décidé la constitution d'une commission spéciale pour la protection des mineurs, capable de « formuler des suggestions pour de nouvelles initiatives, en collaboration avec les évêques et les conférences épiscopales ». Elle permettrait une plus grande vigilance dans la formation des religieux, et l'évaluation des prédispositions réelles des futurs prêtres au ministère sacerdotal.

Il voulait que l'Église ne soit plus jamais la Croix où l'on cloue Jésus.

XXXVIII

« Les renards ont leurs tanières, les oiseaux leurs nids, mais le Fils de l'homme n'a pas où reposer sa tête » (Lc 9, 58). Toute la solitude de Jésus est dans ces mots, qui disent aussi celle à quoi doivent s'attendre ceux qui décident de Le suivre, et alors la difficulté du chemin – ni où ni sur qui reposer sa tête. La solitude, Jorge Mario Bergoglio l'avait en horreur. Il ne s'en était jamais caché ; c'est contre elle qu'il avait choisi de rester à la maison Sainte-Marthe plutôt que d'investir les appartements pontificaux. Et contre elle aussi qu'il avait cherché sur qui il pourrait, de temps en temps, reposer sa tête pour prier et s'abandonner. Il avait aimé sa mère et sa grand-mère de toute son âme. Il avait toujours su qu'elles quitteraient ce monde un jour. Il n'en avait eu pleinement conscience qu'à l'âge de treize ans. C'était en 1949 et il était interne chez les salésiens, avec son frère Oscar. « Chaque journée passait comme une flèche sans qu'on ait le temps de s'ennuyer. » Il aimait, dans ce collège, la tradition des méditations du soir. Alors, les enfants étaient réunis quelques minutes avant le coucher pour leur soumettre une leçon sur laquelle, ensuite, ils devaient méditer. « Je me souviens encore, comme si c'était aujourd'hui, d'un "bonne nuit" de monsieur Miguel Raspanti. C'était au début d'octobre 1949. Il était allé à Cordoue enterrer sa mère. À son retour, il nous a parlé de la mort. Cinquante-quatre ans après, je suis obligé de reconnaître que cette petite réflexion du soir a été le point de référence de toute ma vie, au sujet de la mort. Ce soir-là, sans éprouver de peur, j'ai senti qu'un jour je mourrai à mon tour, et cela m'a semblé la chose la plus naturelle du monde. » Ce fut aussi au cours d'un de ces « bonne nuit » qu'il avait appris le recours à la Sainte Vierge, par la prière. Il devait cette force à un autre salésien, le père Cantarutti, qui leur avait enseigné la nécessité de prier Marie pour bien comprendre sa vocation : « Le recours à Notre-Dame est fondamental dans la vie. Cela va de la conscience d'avoir au Ciel une mère qui prend soin de moi à la récitation des trois *Ave Maria* ou du chapelet. La Vierge est restée, elle n'a pas pu s'en aller de mon cœur. Je me rappelle que cette nuit-là, j'ai prié intensément jusqu'à l'heure du dortoir. Depuis, je ne me suis plus jamais endormi sans prier. Psychologiquement, c'est un moment idéal pour réfléchir à sa journée et lui donner un sens. » Il n'oublierait jamais ces « bonne nuit » ni la certitude qu'elles lui avaient infusée. À son tour, il inviterait la jeunesse à les découvrir. En Argentine, c'était au pied de Notre-Dame de Luján, dont des Argentins s'étaient empressés de lui offrir une statuette après son élection, qu'il entraînait la jeunesse. Au mois d'octobre, ils avaient parcouru les soixante-dix kilomètres qui séparaient Buenos Aires du sanctuaire, pour une veillée de prière « avec Marie, au-delà de la nuit ». Ils avaient mis « la pagaye » comme le leur avait demandé le Saint-Père à Rio, et secoué les paroisses, les associations, leurs familles pour que de très loin, très tard dans la nuit, on entende monter leurs prières, selon ce qu'il leur avait appris : « La Vierge Marie, qui gardait toute chose dans son cœur, nous apprendra la grâce de la mémoire si nous savons le lui demander humblement. Que jamais nous ne soyons privés de l'amour et de la tendresse de Marie ; elle nous susurrera à l'oreille la parole de Dieu dans une langue familière. »

Il s'était donc placé sous la protection de la Vierge, sans jamais se départir de la ferveur simple transmise par sa famille. Elle était celle sur l'épaule de qui reposer sa tête. Le lendemain de son élection, il se rendrait à la basilique Sainte-Marie-Majeure, première basilique chrétienne dédiée à Marie, déposer un petit bouquet de crocus, de roses et de jonquilles sur l'autel de la Vierge miraculeuse que les Italiens appelaient « le salut du peuple romain », une icône peinte par saint Luc chère au cœur des jésuites. La veille de son départ pour Rio et les Journées mondiales de la jeunesse, il reviendrait devant le même autel confier à la Madone le succès de ces rencontres.

Des années auparavant, la Sainte Vierge l'avait aidé à traverser ses solitudes allemandes, lors de son exil volontaire. Il était allé à Augsbourg explorer une bibliothèque pour les recherches de sa thèse sur Guardini. Dans l'église de Sankt Peter am Perlach, il avait remarqué la peinture d'une Vierge un peu étrange : Notre-Dame de Knotenlöserin, « la Vierge qui défait les nœuds ». On la voyait, entourée d'anges, confrontée à la dure tâche de dénouer l'entrelacs de rubans que lui présentaient les séraphins. Jorge Mario Bergoglio ne l'avait jamais rencontrée en Argentine, ni sur le continent latino-américain. Il avait enquêté et découvert ses origines. Saint Irénée de Lyon avait écrit, en 202 : « Par sa désobéissance, Ève a créé le nœud qui a étranglé le genre humain. Par son obéissance, Marie l'a dénoué. Ce que la vierge Ève a noué par son incrédulité, la Vierge Marie l'a dénoué par sa foi. » Ces nœuds qu'elle défaisait avec une infinie précaution symbolisaient le péché originel et toutes ses conséquences : les nœuds de la vie personnelle et familiale, les nœuds professionnels, les nœuds de la vie en société, les nœuds de la tristesse et du ressentiment – ces « sacs de nœuds » qui entravaient toute liberté, tout déploiement de l'être. Il l'avait priée longuement, et éprouvé un grand apaisement dans sa contemplation. Aussi, lorsqu'il avait enfin pris la décision de revenir à Buenos Aires, était-il rentré les poches pleines d'images de la Knotenlöserin, qu'il avait distribuées autour de lui.

Et puis un jour de septembre 1996, le père Arroyo, curé de l'église de San José del Talar, avait reçu la visite de trois fidèles qui avaient travaillé avec le père Bergoglio. Ils lui racontèrent qu'à l'Université du Sauveur, de plus en plus d'étudiants allaient se recueillir devant un portrait de la « Vierge qui défait les nœuds », – *Maria Desatanudos*. Ils lui dirent combien ils aimeraient que le père Arroyo autorise son culte dans sa propre paroisse. Le curé avait fini par accepter et une artiste, Anna Betta de Berti, avait reproduit l'image sur un grand tableau. Un architecte, un éclairagiste et les fidèles aidèrent à restaurer une chapelle en désuétude, au fond de l'église. On y installa le cadre. On fit une grande fête, le 8 décembre, pour consacrer l'autel. À la stupéfaction du curé, en un mois, ils furent plus de mille à visiter le sanctuaire ; puis des pèlerinages s'organisèrent et sous le portrait de « la Vierge qui défait les nœuds », les ex-voto commencèrent à fleurir.

Ce que Jorge Mario Bergoglio aimait dans le culte à la Sainte Vierge, c'était la tendresse qu'elle rendait à tous ceux qui avaient recours à elle et le modèle qu'elle offrait d'une vie immergée dans le mystère de Dieu. Il voyait en elle l'image d'une Église idéale, et dans sa dévotion, celle d'une foi populaire. N'avait-elle pas fait, de la simplicité de ses mille occupations et travaux quotidiens, l'occasion d'un dialogue intense et permanent avec Dieu ? « Marie a toujours vécu immergée dans le mystère de Dieu fait homme, comme sa première et parfaite disciple, méditant toute chose dans son cœur à la lumière de l'Esprit-Saint, pour comprendre et mettre en pratique toute la volonté de Dieu. » Elle exaltait cette liturgie simple de la gratitude et de la caresse, la nostalgie du foyer et des sourires maternels.

Chaque matin, à sept heures, François dirait la messe dans la chapelle de la maison Sainte-Marthe, au milieu des employés du Vatican – prêtres, religieux et laïcs. Il prononcerait une homélie dont jamais la Vierge n'était absente parce qu'elle était le modèle de charité, l'« exemple vivant d'amour » par sa disponibilité à nous entraîner vers le Christ. Ses exhortations quotidiennes finiraient par constituer une sorte de magistère *sotto voce*, que les observateurs finiraient par suivre avec attention. Ils se souviendraient de quelques remises au pas vigoureuses : « L'Église n'est pas un magasin ! ni une agence humanitaire ! Elle n'est pas une ONG, l'Église est envoyée pour porter à tous le Christ et son Évangile. » Autour de Marie, François articulait les grands principes de la foi, et sa vision de l'Église se précisait à la lumière de ce culte particulier. Comme Marie, l'Église devait être « Mère, mère, mère », comme elle, elle devait rester la plus parfaite de ses disciples, « vivre dans une relation profonde avec son Fils, même dans les moments les plus ordinaires de la vie ». Sans infidélité, sans cet esprit d'indépendance que pratiquaient les « esprits forts ». Marie enseignait qu'il fallait tout aimer, et tout accepter de l'Église. Croire, ce n'était pas composer un parfum personnel, avec quelques fragrances prises ici et là, qu'on vaporisait, en spray, sur son existence. Il voulait que l'Église reflète son amour, sa paix et sa joie. Et puis Marie, c'était aussi le modèle d'union au Christ, « une union qui culmine au Calvaire. Elle est l'obéissance à la volonté du Père, telle que l'a vécue Marie, qui donne la victoire sur le Mal et la mort ».

Dans la maison Sainte-Marthe, son nouveau foyer, il jetait, par bribes, mais avec une précision de fond qui écartait toute ambiguïté, des éléments de réponse aux questions que les fidèles posaient de toutes parts. Ainsi, lorsqu'on l'avait questionné sur la place des femmes dans l'Église, c'est à travers la figure de Marie qu'il avait fait entendre sa réponse : « Le fait que la femme ne puisse pas exercer le sacerdoce ne lui donne pas moins de valeur qu'à l'homme. D'ailleurs, d'après notre conception, la Vierge Marie est supérieure aux apôtres. Selon un moine du IIe siècle, la femme chez les chrétiens possède trois dimensions : Marie, qui est la mère du Seigneur, l'Église et l'âme. Si la présence féminine dans l'Église n'a pas été mise en valeur, c'est parce que la tentation du machisme n'a pas donné de visibilité à la place qui échoit aux femmes de la communauté. » Certes, il déclinait la possibilité du diaconat pour les femmes, mais dans le même temps, il affirmait que le diaconat féminin ne s'entendait pas à l'exclusion de tout le reste. Il souffrait de la « servitude » de la femme non seulement dans l'Église, mais encore dans la société moderne. « Je souffre – je dis la vérité –, je souffre quand je vois dans l'Église ou dans certaines organisations ecclésiales que le rôle de service – que nous devons tous avoir – de la femme glisse vers un rôle de servitude. C'est une réalité qui me tient à cœur. » Et alors, il avait rappelé toute la force morale de la femme, « sa force spirituelle » qui tenait dans « la conscience du fait que Dieu lui confie l'homme, l'être humain, d'une manière spécifique ». L'oubliait-elle ? Quoi que la science tente de faire pour détourner cette vérité, c'était elle qui concevait, portait en son sein et accouchait les enfants des hommes.

Dans la chapelle de la maison Sainte-Marthe – l'amie de Jésus qui avait laissé de côté les tâches domestiques pour écouter sa parole –, il insistait sur l'éblouissant mystère de la fécondation, « qui n'était pas seulement une donnée biologique ». Il la posait dans une plénitude de vie. François mettait en garde contre les dérives mortifères de la société, qui tentaient de réduire la maternité à un rôle social ou un devoir – même noble. Il questionnait : et si l'émancipation, c'était se délivrer de tout ce qui entravait l'accomplissement de cette essence maternelle, dans toutes les acceptions du terme ? N'avoir que des gestes fructueux et des paroles de conciliation et d'amour ? Transmettre et donner, plutôt que chercher à imiter les hommes et « occuper les postes qu'ils accaparaient » ? Créer plutôt que détruire, par la vie, par l'art, par la beauté – celle qui sauvera le monde disait Dostoïevski. De là encore ses positions doctrinales qu'il avait affirmées sans trembler, sur la vie, sacrée, toujours sacrée, à jamais sacrée, et qu'il s'agissait de défendre dans ses formes les plus menacées – l'enfant, depuis l'embryon, l'aïeul, en qui palpitait la mémoire de la famille. « As-tu le courage d'assumer comme Marie l'engagement dans la sauvegarde de la vie, depuis son commencement jusqu'à sa fin ? Ou bien es-tu endormi ? et si tu l'es... qu'est-ce qui t'anesthésie ? Parce que Marie ne concevait aucune anesthésie à l'amour ! et aujourd'hui nous lui demandons : Mère, aimons pour de vrai, ne soyons pas engourdis, ne nous réfugions pas dans les mille et une anesthésies que nous propose cette civilisation décadente », avait-il demandé à la foule des jeunes qui, du monde entier, l'avaient accompagné au sanctuaire de Notre-Dame d'Aparecida au Brésil, dans la ferveur et les turbulences de la joie.

Qu'on garde en perspective cette référence mariale de miséricorde et de compassion, et tout s'éclairait : qu'il ait demandé aux prêtres de prêter l'oreille au désespoir des fidèles, qu'il les ait exhortés à accueillir, comme une mère, ceux que les aléas de la vie avaient exclus, qu'il leur ait conseillé de s'appuyer sur leur discernement pour juger, plutôt que sur la froideur d'un texte ou d'une doctrine, qu'il les ait priés de baptiser sans demander, comme des douaniers ou d'avares policiers, les papiers qui font foi. Lui-même n'avait-il pas porté sur les fonts baptismaux de la basilique Saint-Pierre l'enfant d'un « couple de pécheurs » ? Dans le sourire de Marie, et toute la douleur de Marie au pied de la Croix, il avait supplié que l'Église abandonne son obsession des « questions en dessous de la ceinture » pour qu'elle manifeste l'Esprit, et juge toujours avec miséricorde.

On s'était affolé de ces bribes de catéchisme, de ces petites phrases que les médias déchiquetaient à l'envi, de ses « tweets » lancés au ciel comme autant d'oraisons, autant d'invitations à communier. Dans les vieux dicastères, on s'était effrayé de cette extraordinaire liberté de parole et de ce tout nouveau magistère du quotidien, que François ressaisirait dans son exhortation *Evangelii Gaudium*. Et pourtant rien dans ces élans oratoires ne remettait en cause la doctrine de l'Église. C'était simplement la signature de François, sa révolution : un retour aux sources. Tout revenait à Marie et par Marie aux Évangiles.

XXXIX

Les portes de la chapelle Sixtine s'étaient refermées pour la deuxième fois, à neuf heures trente, en cette matinée du 13 mars 2013. L'Argentin Bergoglio avait retrouvé sa place, entre son vieil ami le Brésilien Claudio Hummes et le Portugais José da Cruz Policarpo. La veille au soir, les cardinaux avaient procédé à un vote qui, déjà, dégageait une première tendance. Aucun conclave n'avait élu un pape dès le premier tour ; pour autant, ce scrutin laissait présager un délai plus court que les trois ou quatre jours estimés par la majorité des prélats.

Sur la longue table dressée face à l'autel, couverte d'un drap rouge et or, chacun avait sa place. On avait disposé les bulletins spécialement imprimés pour la circonstance, où il suffirait d'écrire le nom d'un candidat et d'apposer sa signature. Jorge Mario Bergoglio assistait à cette cérémonie pour la deuxième fois de sa vie et, de nouveau, il était saisi par la religiosité de l'atmosphère. À l'ombre du *Jugement dernier* de Michel-Ange, les visages étaient recueillis et graves. Tous les cardinaux tombaient en prière ; tous, interrogés, évoqueraient le souffle de l'Esprit. Après la messe, dite ce matin en la chapelle Pauline du palais apostolique, ils s'étaient assis en silence. Nul n'échappait à la gravité de l'heure ni aux fantômes des papes éclos ici, dans la succession des années et des siècles. Alors, chacun devenait une portion de ce grand corps qui ne reprenait vie que pour s'acquitter de son unique fonction sur cette terre : tendre l'oreille à l'Esprit-Saint et le laisser élire le nouveau pape. « Le lien avec autrui ne se noue que comme responsabilité, que celle-ci, d'ailleurs, soit acceptée ou refusée, que l'on sache ou non comment l'assumer, que l'on puisse ou non faire quelque chose de concret pour autrui », écrivait Emmanuel Lévinas. Ces phrases résumaient à la perfection le sentiment qui les gagnait tous. Était-ce l'Esprit ? Était-ce parce que le bien des âmes et celui de l'Église l'exigeaient ? Cette épreuve, comme on le dit d'un examen, si grande que soit la peur où elle les jetait tous, faussait rarement le jugement.

Assis autour d'un bureau, au bout de la table, les cardinaux scrutateurs veillaient à ce que le vote se déroule selon les règles. Un bulletin et un seul par électeur. Ils contrôleraient encore que le nombre de papiers dans l'urne égalait bien celui des cardinaux. Dépouillés, les bulletins étaient lus à haute voix, successivement, par les trois surveillants. Chaque cardinal, sur la liste qui avait été mise à sa disposition, pointait les candidats. Ce tableau sous les yeux, on pouvait alors analyser les situations, considérer de nouvelles alliances ou modifier ses choix. À la troisième lecture et à l'aide d'une aiguille, le scrutateur enfilait le papier avec les autres et nouait le paquet en collier. Puis il le déposait, avec les autres, dans un grand vase transparent, à l'extrémité de la table, visible mais hors de portée. Aucune ultime substitution n'était alors possible. Enfin, on relisait une dernière fois les noms, on procédait une dernière fois au décompte, et on mettait les bulletins à brûler. Dans la cheminée qui donnait du noir si la majorité des deux tiers n'avait pas été atteinte, dans celle qui fumait blanc si le nombre fatidique de soixante-dix-sept votes était atteint, ou dépassé.

Depuis le dîner de la veille, une vague inquiétude hantait Bergoglio. Ce n'était pas tant ce premier scrutin que la réflexion du cardinal Sandri qui la lui avait communiquée. Les deux hommes étaient argentins, et ils avaient fréquenté ensemble le séminaire de la Villa Devoto. L'un avait opté pour la curie, l'autre pour la pastorale. Les deux étaient ennemis avec cordialité. Sandri avait raconté à la presse, à l'issue du conclave, que ce soir-là, il s'était assis à côté de Bergoglio pour dîner. Il avait posé sur la table sa batterie de médicaments. Atteint d'une pharyngite, il souffrait de la gorge. Bergoglio, qui était chimiste de formation, avait jeté un œil sur les antibiotiques et donné son avis sur le traitement. Puis ils s'étaient mis à bavarder et, bien sûr, à commenter cette première journée de conclave. « Prépare-toi, mon cher », lui avait glissé Sandri. Et il lui avait appris qu'un groupe conséquent de cardinaux avait décidé de faire de lui le 266e souverain pontife.

À peine le dîner terminé, Bergoglio s'était éclipsé dans sa chambre pour prier. Il était partagé, ou plutôt déchiré. L'idée de finir ses jours à Rome, en pape de surcroît, l'épouvantait. Mais s'il croyait à l'Esprit-Saint – et qui plus que lui y croyait ? – avait-il le droit, en son âme et conscience, de se dérober ? Il avait prié une partie de la nuit et maintenant, dans l'après-midi de cette deuxième journée, il sentait peser sur lui le poids de la fatigue, aggravé par l'anxiété. En 2005, Joseph Ratzinger avait été élu dans l'après-midi de la deuxième journée de conclave, et au premier scrutin de l'après-midi.

Après une pause pour se restaurer, les cardinaux étaient revenus à leur place, ils avaient voté pour ce premier des deux tours de la soirée, qui n'avait rien donné. Ce ne serait qu'au deuxième tour de l'après-midi que le quota de soixante-dix-sept votes allait être atteint et même dépassé. C'était fait. Le 265e successeur de Pierre avait un nom : Jorge Mario Bergoglio.

Elisabetta Piqué a raconté, dans son livre *Vida y Revolución*, les secrets de ce conclave 2013, qui avait porté le cardinal argentin sur le siège pétrinien. Dès la matinée de ce 13 mars, le nom de Jorge Mario Bergoglio était inscrit dans le groupe de tête. Au troisième scrutin de la journée, le premier de l'après-midi, il avait pris la tête, devant les papabile que la presse avait pronostiqués. Ni l'Italien Scola, ni le Brésilien Scherer, pas plus que le Canadien Ouellet ne s'étaient dégagés du peloton de façon significative. Au troisième tour de scrutin, Scola avait pris conscience qu'il ne pourrait jamais dépasser les cinquante voix qu'il avait obtenues jusque-là. Allait-il bloquer les chances de Bergoglio en organisant une minorité de blocage ? Ou, comme Bergoglio en 2005, allait-il se désister en sa faveur, et demander à ses partisans de faire de même ? L'Esprit-Saint souffle où il le veut. Mais il souffle pour l'unité de l'Église. Angelo Scola avait appelé au report de ses voix sur la candidature de l'Argentin. Il y avait eu un cinquième vote. Jorge Mario Bergoglio avait obtenu la majorité, mais le scrutin avait été annulé : on décomptait un bulletin en trop, un bulletin blanc, mais qui obligeait à tout recommencer.

« C'est ton tour ! » avait souri Sandri, lorsque Bergoglio était passé devant lui après avoir déposé son bulletin dans l'urne. Il triomphait : ne le lui avait-il pas prédit la veille ? « Il était en face de moi, et je scrutai son visage. Et j'ai compris qu'il se soumettait à son sort et s'apprêtait à obéir à la volonté de Dieu. Nous sentions tous que Dieu l'avait élu, lui, et qu'il ne refuserait pas la Croix qu'Il lui demandait de porter », témoignerait le cardinal Oswald Gracias, l'archevêque de Bombay.

Il y eut donc un sixième décompte, et lorsque son nom avait été cité pour la soixante-dix-septième fois, un immense applaudissement avait explosé sous les voûtes de la chapelle Sixtine. Claudio Hummes s'était précipité vers Jorge Mario Bergoglio et l'avait pris dans ses bras, les yeux humides d'émotion. Et il lui avait chuchoté, à l'oreille : « N'oublie pas les pauvres. »

À dix-neuf heures et huit minutes, les fidèles amassés sur la place Saint-Pierre découvraient enfin la fumée blanche, large et généreuse, de leur nouveau pape. Et presque aussitôt les cloches de la basilique sonnaient à toute volée. À dix-neuf heures quinze, suivant le rituel extrêmement précis, Giovanni Battista Re, le cardinal doyen du Sacré Collège, demandait, en latin, son consentement à l'élu : « Acceptez-vous votre élection canonique comme souverain pontife ? » Et Jorge Mario Bergoglio, le petit-fils de *Nonna* Rosa qui, tous les Vendredis saints, devant le Christ en Croix, lui répétait d'une voix vibrante d'émotion : « Regarde bien, Jorge, regarde bien, dimanche, Il aura ressuscité ! », Jorge Mario Bergoglio, le petit Italien d'Argentine, le cardinal des Béatitudes, répondait : « Je suis un grand pécheur, mais confiant en la miséricorde et en la patience de Dieu, en toute humilité, j'accepte. »

XXXX

« Et comment veux-tu être appelé ?

– François. »

Les cardinaux s'étaient tus, abasourdis. Le cardinal Re craignait d'avoir mal entendu. Il le fit répéter. François ? Jamais un pape n'avait pris ce nom. François, comme saint François Xavier, le missionnaire jésuite ? Non. François, comme le saint d'Assise. François, comme le *Poverello.*

Ainsi commençait la longue série des « Pour la première fois » qu'inaugurait Jorge Mario Bergoglio, sous le nom de François. Pour la première fois, un pape, à peine vêtu de l'habit blanc préparé par le tailleur du Vatican, Gammarelli, refusait de changer sa croix pectorale, qu'il tenait de Mgr Quarracino, et de troquer son anneau épiscopal d'argent, pour l'or de l'anneau du pêcheur. Pour la première fois, un pape refusait de porter la mozette rouge, que le Saint-Père se devait d'arborer pour apparaître sur le balcon. Pour la première fois, il refusait d'ôter ses bonnes vieilles chaussures noires, qui connaissaient le moindre recoin des rues de Buenos Aires, pour les élégantes mules rouges. Pour la première fois, il demandait aux fidèles, avant de les bénir, qu'ils le bénissent, lui, le très humble, et qu'ils prient pour lui, François.

Pour la première fois, il renvoyait la papamobile pour rentrer, après le conclave, avec ses pairs, dans le minibus du Vatican. Pour la première fois, il s'était éclipsé à pied, le lendemain, pour retourner au 70 via della Scrofa, régler sa note à la maison du clergé. Et pour la première fois, un pape désertait les appartements pontificaux pour résider dans le foyer du Vatican, la maison Sainte-Marthe, et dans une chambre toute simple, meublée comme une cellule de moine. Pour la première fois, un pape souhaiterait « Bonne nuit » à la foule et « Bon appétit » aux pèlerins de Pâques.

« Il semblerait que mes confrères les cardinaux soient allés chercher un pape du bout du monde », avait-il plaisanté sur le balcon, devant la foule stupéfaite de voir cet inconnu surgir. Celui que nul n'attendait.

Oui, pour la première fois, un Américain, et tout aussi incroyable, pour la première fois, un pape jésuite. Et pour la première fois, un pape qui ne parlera pas le latin, la langue officielle du Vatican, mais qui fera venir des confins du monde, pour la messe d'intronisation, au premier rang, le représentant des *cartoneros* de Buenos Aires. Pour la première fois, un pape drôle. N'avait-il pas dit aux cardinaux qui l'avaient élu, avec un grand sourire : « Que Dieu vous pardonne ce que vous avez fait » ?

Et pour la première fois, François.

« Certains ne savent pas pourquoi l'évêque de Rome a désiré s'appeler François », expliquait Jorge

Bergoglio aux journalistes, le samedi 16 mars, trois jours après son élection, alors que l'onde de choc de sa nomination se calmait à peine. « Certains ont pensé à François Xavier, ou à François de Sales, mais aussi à François d'Assise. Je vais vous raconter l'histoire. Pendant les élections, j'étais assis à côté de l'archevêque émérite de São Paulo, qui est aussi préfet émérite de la Congrégation pour le clergé, le cardinal Claudio Hummes. C'est un grand ami, un grand ami. Quand les choses ont pris un tour dangereux, il m'a réconforté. Et quand les votes ont atteint les deux tiers et qu'il y a eu des applaudissements, parce que j'étais élu, il m'a pris dans ses bras, il m'a embrassé et il m'a dit : "N'oublie pas les pauvres." Ces mots sont entrés ici, dans mon crâne. "Les pauvres." "Les pauvres." Et immédiatement, les pauvres m'ont obligé à penser à François d'Assise. Et puis, tandis qu'on recomptait les bulletins, j'ai pensé aux guerres. Et François est l'homme de la paix. Et ainsi, ce nom est entré dans mon cœur. François d'Assise. Pour moi, il est l'homme de la pauvreté, l'homme de la paix, et l'homme qui aime et protège la Création. Et en ce moment, même avec la Création, nous entretenons des relations qui sont loin d'être bonnes, n'est-ce pas ? »

Comme il l'avait expliqué dans cette conférence de presse, avec François, Jorge Mario Bergoglio faisait plus que sacrifier à la tradition du Saint-Siège. Plus que l'emblème d'un prénom, il annonçait un programme. Plus encore : un manifeste. Il suffisait de scruter la vie du saint d'Assise pour prendre conscience des ressemblances, des échos, des jeux de miroirs entre les époques et entre les vies. Certes, au contraire de

François Giovanni Bernardone, Jorge Mario Bergoglio était né sans fortune. Mais pour le reste ! L'époque ? L'Italie du XIIIe siècle naissant connaissait les ravages de la première « mondialisation », et de la première financiarisation. On s'y laissait aller aux ivresses de l'usure. Des villes naissaient, mais l'urbanisation générait une nouvelle classe sociale – les misérables. Des populations entières se mettaient en mouvement. Le système féodal, tenant d'un ordre ancien, immobile et éternel, craquait et par les fêlures de son édifice, les paysans s'échappaient pour grossir la horde des malheureux, des éclopés, des affamés, dont personne ne prenait soin. L'Église ? Elle se souciait peu des pauvres, occupée à lutter pour ses biens et contre la pression des mahométans. Les mœurs de ses princes horrifiait les fidèles et leur richesse soulevait des indignations. Certes, toutes proportions gardées. Mais les inquiétudes étaient les mêmes, le désir d'ascèse, de pureté, de paix résultaient des mêmes catastrophes sociales.

Pour aborder la vie de François d'Assise, il faut se prémunir contre le sucre de la légende. En vérité, en dépit des coloriages et des niaiseries, il n'y avait rien de benêt ni de tiède, mais rien non plus d'un illuminé chez ce jeune homme bien de son temps, issu d'une génération en révolte contre l'autorité paternelle, conspuant les richesses nouvelles que procurait l'usure, et pétrie d'esprit chevaleresque et de culture livresque. À vingt ans, au tournant du XIIe siècle, François rêvait d'associer noblesse, gloire et grandeur. Pour conquérir les trois, celui que son père avait surnommé, au retour des foires de Champagne, *Francesco*, « le petit Français », décidait d'aller se battre. Il était tombé malade. Empêché dans son épopée, il avait médité sur la meilleure voie pour embrasser son destin. À vingt-cinq ans, une rencontre avec des lépreux l'avait bouleversé, et lui révélait sa mission : porter à tous l'esprit chevaleresque qu'il rêvait d'imprimer à sa propre vie. Son exploit ne serait pas de gagner des batailles, ou bien, d'autres batailles, spirituelles. Il avait décidé d'aller au-devant des miséreux et des malades, à l'imitation de Jésus. Il avait pris la route.

Voilà François « fou nouveau dans le monde ». Il avait entendu Dieu l'appeler et lui demander de reconstruire son Église. François s'y était alors employé à sa façon, radicale et fulgurante, grâce à une spiritualité faite d'initiatives et de renouveaux. Plutôt que se couper du monde et de choisir la vie monastique, il était allé vers lui, pieds nus, au cœur des villes. Plutôt que le mépriser, il s'était réconcilié avec le monde, proclamant la présence divine en toute créature : il prêchait « la joie parfaite ». Il voulait apprendre dans l'écoute, des pauvres, des oiseaux, de Dame la Lune et de Sieur Soleil. Il prêchait, parfois en composant des cantiques, la charité, le pardon et la paix. Pour elle, il avait entrepris un extravagant voyage, afin de rencontrer le sultan d'Égypte et converser avec lui, de Dieu et de paix. Il avait toujours eu le verbe haut, et défendait sa liberté de parole. *Poverello*, il avait épousé « Dame Pauvreté » dans une ascèse radicale, jamais reniée. Il l'avait enseignée aux hommes et aux femmes qui, entraînés par son exemple et sa foi, le rejoignaient. Il avait un amour débordant de son prochain et de la vie.

Jorge Mario Bergoglio (*Quel joli mot,* chemin *! C'est en cheminant, en marchant qu'on rencontre Dieu : en le cherchant et en se laissant chercher par Lui*) concevait la pauvreté à la façon du saint d'Assise. Cette « Dame Pauvreté » que François aimait et qu'il prônait n'était pas le simple contraire de la richesse. Elle était, à ses yeux, *la* seule véritable richesse, entendue comme une mystique à part entière. Ni résignation ni plaisir à la souffrance, la pauvreté de François était le dernier terme de la miséricorde, dont il s'était fait une exigence. Jésus n'était-il pas né dans le plus extrême dénuement ? Refusé par tous, n'avait-il pas vu le jour dans une étable ? François ne cessera jamais d'exprimer, dans ses écrits, l'intense stupeur qui l'avait saisi à la lecture des Évangiles. Lui qui rêvait de gloire et de puissance découvrait que le Sauveur, Créateur du Ciel et de la Terre, ce Christ qui possédait tout ce que lui, François, recherchait désespérément, à savoir le triomphe et la gloire, ce Christ avait renoncé à tout pour s'incarner dans le plus humble, le plus pauvre, le plus abandonné des hommes. Depuis sa naissance jusqu'à la Croix, il avait revêtu la condition humaine dans un mouvement d'abaissement dont François, – Jorge Mario Bergoglio ? – voulait s'inspirer : « Le Très-haut s'est fait le Très-bas. »

La pauvreté de François était une pauvreté pleinement consentie – un dénuement, une dépossession, pour mieux revêtir le Christ. Liée à une simplicité intérieure, elle s'imposait à lui comme la seule voie par laquelle il pouvait imiter Jésus. Elle ne se réduisait pas à une valeur morale. Elle était un engagement social – il lui fallait aller à la rencontre des plus pauvres et vivre avec eux. En même temps, elle était d'essence théologique, puisqu'elle s'inspirait pleinement de l'esprit évangélique. Cette pauvreté, François – Jorge Mario Bergoglio ? – désirait l'incarner pour convertir, par l'exemple de son ascèse et de sa pénitence. Par la pauvreté et l'exemple du dénuement, il désirait convertir ses contemporains, au moins à la charité puisque le sens de la vie, c'est de partager ce qu'on possède : « C'est en se donnant qu'on reçoit », avait-il écrit dans une hymne.

Tel fut sans doute le plus grand apport de François à l'histoire du christianisme, qu'avait repris, comme un témoin, par-delà les siècles, Jorge Mario Bergoglio : il avait revivifié l'idée d'un Dieu certes grand, mais bien plus grand encore dans son abaissement et dans son incarnation. Sa réflexion avait créé une tension entre deux infinis paradoxaux : la majesté et l'humilité de Dieu qui imprime aujourd'hui encore au christianisme sa dynamique la plus forte, son questionnement, voire ses déchirures.

Jorge Mario Bergoglio n'a jamais caché les trois pivots de sa pastorale. La justice sociale, l'éducation, parce que d'elle découlait la première, et le dialogue interreligieux. Comment alors, comme il l'avait dit aux journalistes, ne pas songer au *Poverello*, sur cette question encore ? Le *Poverello* qui avait bravé mille dangers, risqué sa vie, fait naufrage, pour aller à la rencontre du sultan d'Égypte, contre qui luttaient les chevaliers de la cinquième croisade. Il avait traversé les lignes de défense du siège de Damiette, à l'embouchure du Nil et, en 1219, il rencontrait enfin le prince arabe. Le Sarrasin avait accepté de l'écouter, impressionné par la foi et le courage de son interlocuteur. Doué d'une immense empathie, François savait s'adresser aux hommes, selon leurs tourments et leurs attentes. Dans sa conversation avec le sultan, il avait eu l'intelligence d'écouter. Il n'avait pas attaqué la figure du prophète Mahomet, ni la teneur ou la vérité du Coran. Bien au contraire, il avait questionné le monarque sur le Prophète, puis doucement, il l'avait amené à écouter la voix chrétienne.

Voilà accomplie la formidable révolution de François – il était parvenu à faire admettre que chacun, en approfondissant la connaissance de l'autre religion, approfondit sa propre connaissance de Dieu. Sa position était tout à fait inédite, et chargée de pacifisme. Désormais, la question du dialogue avec l'islam était posée. Elle préoccuperait François d'Assise jusqu'à la fin de sa vie. Elle n'échapperait pas à Jean-Paul II, désireux d'œcuménisme, qui fit justement d'Assise le lieu de rencontre de tous les chefs religieux dans le monde.

Jorge Mario Bergoglio, avec le nom, revendiquait un autre caractère de François. La Joie. La joie d'être au monde, la joie d'une réconciliation avec la nature. Avec François, une part chrétienne retrouvait le cosmos. Loin des mouvements de pensée qui animaient son époque et des courants théologiques très empreints de manichéisme, François refusait de considérer le monde comme l'œuvre du Diable – une certitude qui faisait le fond de l'hérésie cathare et bogomile –, ni même comme une source de corruption. Aucune vision sombre ni dramatique – comme l'histoire de l'humanité semblait les engendrer – dans l'appréhension de son destin ou de celui de l'homme. Dès lors, sa conversion, il ne l'avait pas envisagée dans un prêche au désert, ni comme une vaticination ou une prophétie apocalyptique, mais sur les chemins et dans les villes, où il ne cessait de louer la beauté de la Création, et des Créatures, jusqu'à la beauté de la mort, « notre Sœur la Mort, au-dedans du corps, À qui nul ne peut échapper ». La joie de François est abandon et remerciement, et récompense d'une foi sereine. Elle est aussi communion avec tous les hommes, ses prochains, jusqu'aux prochains les plus lointains.

On serait sourd et aveugle de ne pas entendre dans les louanges de François l'ardent désir de Joie de Jorge Mario Bergoglio. Lui qui exhorte les fidèles à la gaieté : « Cessez de faire des faces de carême sans Pâques. » « Ne soyez jamais des hommes et des femmes tristes ! » Lui qui rappelle le joli mot de sa chère Thérèse de Lisieux : « Un saint triste est un triste saint. » Lui qui redonne enfin aux hommes leur foi en l'Espérance et le désir de croire. Et qui dit : « Je crois aux miracles. Les ressources spirituelles que le peuple a conservées sont déjà un début de miracle. Et je suis d'accord avec Manzoni qui a dit : "Jamais le Seigneur n'a commencé un miracle sans prendre soin de l'achever." Je m'attends à ce que tout finisse bien. »

Bibliographie

Principaux ouvrages de François/Jorge Mario Bergoglio utilisés pour ce livre :

La Joie de l'Évangile, Evangelii Gaudium, Artège, 2013.

La Lumière de la foi, Lettre encyclique « Lumen Fidei », Artège, 2013.

28e JMJ, Allez, et de toutes les nations, faites des disciples ! Parole et Silence/Libreria Editrice Vaticana, 2013.

Seul l'amour nous sauvera, Parole et Silence/Les Éditions du Rocher/Libreria Editrice Vaticana, 2013.

Le Témoignage, Mame, 2013.

La Miséricorde, Mame, 2013.

Je vous demande de prier pour moi, Parole et Silence/Libreria Editrice Vaticana, 2013.

Méditations quotidiennes, Les fiorettis du pape, Bayard, 2013.

Journées mondiales de la Jeunesse, Discours officiels et messages, Salvator, 2013.

Pape François, *Je crois en l'homme*, Conversations avec Jorge Bergoglio, Francesca Ambrogetti et Sergio Rubin, Flammarion, 2013.

Jorge Bergoglio, Abraham Skorka, *Sur la Terre comme au Ciel*, Robert Laffont, 2013.

Jorge Bergoglio, Pape François, *Des bidonvilles de Buenos Aires au Vatican*, Entretiens avec Gianni Valente, 2013.

Jorge Bergoglio, *L'Église que j'espère,* Entretiens avec le père Spadaro, Flammarion/Études, 2013.

Jorge Bergoglio, *Dieu dans la ville,* Présentation de Mgr Stenger, Pierre Téqui, 2013.

Jorge Mario Bergoglio, *Così pensa Papa Francesco, Introduzione Andrea Riccardi,* Francesco Mondadori, 2013.

Autres ouvrages

Hans Urs von Balthasar, *Communio,* Parole et silence, 2012 ; *La Théologie de l'histoire,* Parole et Silence, 1993 ; *Credo, Méditations sur le Symbole des Apôtres,* Nouvelle Cité, 1996 ; *Espérer pour tous,* Desclée de Brouwer, 1993.

Benoît XVI, *Mon testament spirituel,* Bayard, 2013 ; *Discours au monde,* Artège, 2013 ; *Pensées spirituelles,* Parole et Silence, 2012 ; *Dogme et Annonce,* Parole et Silence, 2012 ; *L'Essence de la foi,* Plon/Mame, 2006.

Leonardo Boff, *La Terre en devenir, Une nouvelle théologie de la Libération,* « Paroles vives », Albin Michel, 1994.

Jorge Luis Borges, *Le Martin Fierro,* Éditions Héros-Limites, 2012.

Alain Boureau et Corinne Péneau, *Le Deuil du pouvoir, Essais sur l'abdication,* Les Belles Lettres, 2013.

Rémi Brague, *La Loi de Dieu,* Folio/Essais, 2008.

Yves Bruley, *La Papauté de Simon-Pierre à Benoît XVI,* CLD Éditions, 2008.

Alain Buègue, *Les Jésuites en Espagne et en Amérique espagnole (1565-1615),* PUF, 2004.

Roger Caillois, *Jorge Luis Borges,* Fata Morgana, 2009.

G.K. Chesterton, *Saint François d'Assise,* DMM, 1979.

Michel Cool, *François, pape du Nouveau Monde,* Salvator/Yves Briend, 2013.

Franck Damour, *Le Pape noir, Genèse d'un mythe,* « Petite bibliothèque jésuite », Lessius, 2013.

Nicolas Diat, *L'homme qui ne voulait pas être pape, Histoire secrète d'un règne*, Albin Michel, 2014.
Michel Fédou, *Les Théologiens jésuites, Un courant uniforme*, « Petite bibliothèque jésuite », Lessius, 2013.
André Frossard, *Dialogue avec Jean-Paul II, « N'ayez pas peur ! »*, Robert Laffont, 2005.
Chiara Frugoni *Saint François d'Assise, La vie d'un homme*, Pluriel, 1999.
Saverio Gaeta, *Papa Francisco, Su vida y sus desafíos*, San Pablo, 2013.
Tito Garabal, *Francisco Rezamos por ti*, Bonum, 2013.
Thomas Gomez, *L'Invention de l'Amérique*, « Champs », Flammarion, 1996.
Evangelina Himitian, *François, El Papa de la gente*, Aguilar, 2013.
Gerard Manley Hopkins *Grandeur de Dieu*, Arfuyen, 2005.
Romano Guardini, *Initiation à la prière*, Artège, 2013.
Jean Guitton, *Paul VI secret*, Desclée de Brouwer, 1979.
Massimo Introvigne, *Il segreto di papa Francisco*, Sugarco Edizioni, 2013.
Jean-Paul II, *Mémoire et identité*, Flammarion, 2005 ; *Mon livre de méditations*, Éditions du Rocher, 2004 ; *Célébrer le Jubilé*, Centurion/Cerf/Fleurus-Mame, 1999 ; *La Famille*, Le Livre de poche, 1995 ; *La Morale*, Le Livre de poche, 1995 ; *Encyclique « Evangelium Vitae »*, Le Livre de poche, 1995 ; *La Splendeur de la Vérité*, Mame/Plon, 1993.
Gianni La Bella, *Pedro Arrupe, supérieur général des Jésuites (1965-1983)*, Lessui, 2009.
Jean-Louis de La Vaissière, *De Benoît à François, Une révolution tranquille*, Le Passeur, 2013.
Jean Lacouture, *Les Jésuites*, t. 1 et t. 2, Points/Histoire, 2013.
Éric Lebec, *Benoît XVI, Les défis d'un pape*, L'Archipel, 2005.
Philippe Lécrivain, *Les Jésuites, L'Histoire, la pensée et l'actualité de l'Ordre jésuite*, Eyrolles, 2013.
Henri de Lubac, *Le Drame de l'humanisme athée*, Cerf, 1999 ; *Résistance chrétienne à l'antisémitisme, Souvenirs, 1940-1944*, Fayard, 1987.

Joseph Malègue, *Augustin ou le Maître est là*, Cerf, 2014.
Carlo Maria Martini, *Le Rêve de Jérusalem*, Desclée de Brouwer, 2009 ; *Les Vertus*, Éditions Saint-Augustin, 2012 ; *Mon jardin secret, Méditations sur la prière*, Desclée de Brouwer, 2011.
Andrea Monda, Saverio Simonelli, *Fratelli et sorelle, buona lettura !*, Ancora, 2013.
E. Rodriguez Monegal, *Borgès*, « Écrivains de toujours », Seuil, 1970.
Marc Philonenko, *Le Notre Père, De la Prière de Jésus à la prière des disciples*, Gallimard, 2007.
Elisabetta Piqué, *Francisco Vida y Revoluciòn*, Editorial El Ateneo, 2013.
Caroline Pigozzi et Henri Madelin, *Ainsi fait-il*, Plon, 2013.
Mark Rotsaert, *De Loyola au Vatican, Idées reçues sur les jésuites*, Le Cavalier Bleu, 2013.
Saint François d'Assise, *Œuvres*, traduction A. Masseron, Albin Michel, « Spiritualités vivantes », 2006.
Nello Scavo, *La Lista di Bergoglio, I salvati da Francesco durante la dittatura*, Emi, 2013.
Francesco Strazzari, *In Argentina per conoscere Papa Bergoglio*, EDB, 2013.
François Sureau, *Inigo*, Gallimard, 2010.
Andrea Tornielli, *François, le pape des pauvres*, Bayard, 2013.
Epifania Uveda De Robledo et Alejandro Vaccaro, *El senor Borges*, Edhasa, 2004.
Jean Vanier, *Les Signes des temps, À la lumière de Vatican II*, Albin Michel, 2012.
Mario Vargas Llosa, *Un demi-siècle avec Borges*, L'Herne, 2004.
Mariano de Vedia, *Francisco El Papa del Pueblo*, Planeta, 2013.
Horacio Verbitsky, *El Silencio*, Editorial Sudamericana, 2005.

DU MÊME AUTEUR

Chez Albin Michel

Avec Lucien Jerphagnon, *De l'amour, de la mort, de Dieu et autres bagatelles*, 2011.

Chez d'autres éditeurs

On ne fait que passer, roman, NiL, 1999.
Jésus, Gallimard, 2008.
Catherine de Sienne, Le feu de la sainteté, Le Seuil, 2008.
Simone Weil, Le courage de l'Impossible, Le Seuil, 2009.
Tolstoï, Le pas de l'ogre, Le Seuil, 2010.
Prenez-moi tout, mais laissez-moi l'extase, Le Seuil, 2012.

Préfaces

Yolanda Betancourt, *Ingrid ma fille, mon amour*, Robert Laffont, 2006.
Jacques Borgetto, *L'Autre Versant du monde*, Filigranes, 2010.
Lucien Jerphagnon, *Les Miscellanées d'un Gallo-Romain*, Perrin, 2014.
Lucien Jerphagnon, *À l'école des Anciens*, Perrin, 2014.

Composition Nord Compo
Impression CPI Bussière en février 2014
à Saint-Amand-Montrond (Cher)
Éditions Albin Michel
22, rue Huyghens, 75014 Paris
www.albin-michel.fr
ISBN : 978-2-226-25478-8
N° d'édition : 20868/01. – N° d'impression : 2008180.
Dépôt légal : mars 2014.
Imprimé en France.